Marcus Damm

Persönlichkeitsstörungen verstehen in der Schule, Schulsozialarbeit und Jugendhilfe

Das Praxisbuch

Mit Online-Materialien

SCHEMAPÄDAGOGIK KOMPAKT

herausgegeben von Dr. Marcus Damm

ISSN 2191-186X

8 *Marcus Damm und Marc-Guido Ebert*
Das Schemapädagogische Selbstkontroll-Training (Sek. 2)
Didaktik und Methodik eines neuropädagogischen Konzepts zum Umgang mit schwierigen Schülern
inkl. Arbeitsmaterialien + DVD – für Eingewöhnungs- und Studientage
ISBN 978-3-8382-0360-7

9 *Marcus Damm*
Persönlichkeitsstörungen verstehen in der Schule, Schulsozialarbeit und Jugendhilfe I
Schemapädagogik bei Narzissten, Histrionikern, antisozialen und Borderline-Persönlichkeiten
inkl. Arbeitsmaterialien + DVD
ISBN 978-3-8382-0290-7

10 *Marcus Damm*
Persönlichkeitsstörungen verstehen in der Schule, Schulsozialarbeit und Jugendhilfe II
Schemapädagogik bei Paranoikern, Schizoiden, Sadisten und selbstverletzenden Heranwachsenden
inkl. Arbeitsmaterialien + CD
ISBN 978-3-8382-0300-3

11 *Marcus Damm*
Persönlichkeitsstörungen verstehen in der Schule, Schulsozialarbeit und Jugendhilfe III
Schemapädagogik bei passiv-aggressiven, zwanghaften, dependenten und ängstlichen Heranwachsenden
inkl. Arbeitsmaterialien + CD
ISBN 978-3-8382-0310-2

12 *Marcus Damm*
Der schemapädagogische Handwerkskoffer
30 praktische Methoden zum Konfliktmanagement in Schule und sozialer Arbeit
Mit Online-Materialien
ISBN 978-3-8382-0530-4

13 *Marcus Damm*
Persönlichkeitsstörungen verstehen in der Schule, Schulsozialarbeit und Jugendhilfe
Das Praxisbuch
Mit Online-Materialien
ISBN 978-3-8382-0540-3

Marcus Damm

PERSÖNLICHKEITSSTÖRUNGEN VERSTEHEN IN DER SCHULE, SCHULSOZIALARBEIT UND JUGENDHILFE

Das Praxisbuch

Mit Online-Materialien

ibidem-Verlag
Stuttgart

Bibliografische Information der Deutschen Nationalbibliothek
Die Deutsche Nationalbibliothek verzeichnet diese Publikation in der Deutschen Nationalbibliografie; detaillierte bibliografische Daten sind im Internet über http://dnb.d-nb.de abrufbar.

Bibliographic information published by the Deutsche Nationalbibliothek
Die Deutsche Nationalbibliothek lists this publication in the Deutsche Nationalbibliografie; detailed bibliographic data are available in the Internet at http://dnb.d-nb.de.

Coverbild: Fondo Abstracto © Pakmor #4540264. www.fotolia.de

∞

Gedruckt auf alterungsbeständigem, säurefreien Papier
Printed on acid-free paper

ISSN: 2191-186X

ISBN-13: 978-3-8382-0540-3

Printed in Germany

Inhalt

Vorwort

Dieses Praxisbuch ergänzt die Buch-Trilogie *Persönlichkeitsstörungen verstehen in der Schule, Schulsoziarbeit und Jugendhilfe verstehen 1-3*, die im letzten Jahr im Ibidem-Verlag erschienen ist (DAMM 2012a; 2012b; 2012c).

Aufbau des Buchs

Im **Einleitungskapitel** werden die theoretischen Grundlagen des Schemapädagogik- und des Persönlichkeitsstörungskonzepts dargestellt. Ebenso finden Sie eine Zusammenfassung der wesentlichen Grundbegriffe wie Schema und Schemamodus vor. Die theoretischen Ausführungen werden durch ein Praxisbeispiel transparent gemacht.

Das **erste Kapitel** zieht sich wie ein roter Faden durch das ganze Buch. Hierin werden Teenager mit herausfordernden Persönlichkeitsstilen beschrieben. Thematisiert werden dann insbesondere Methoden und Interventionen zum Umgang mit Jugendlichen, die herausfordernde Persönlichkeitsstile offenbaren. Es geht entsprechend um antisoziale, narzisstische, paranoide, sadistische, selbstschädigende, passiv-aggressive und zwanghafte Teenager sowie um die Borderline-Struktur.

Im Abschnitt **weiterführende Literatur** sind alle bisher veröffentlichten Schemapädagogik-Bände mit einer kurzen Beschreibung aufgeführt.

Hinweise zu den Online-Materialien

Das Online-Angebot, das mit der vorliegenden Veröffentlichung einhergeht, steht für Sie unter www.ibidem-verlag.de/downloads/9783838205403.zip bereit. Sie können alle Fragebögen, Textblätter und Besinnungstexte downloaden und für eigene Zwecke verwenden. Drei Ordner beinhalten die Materialien sowie weitere Dateien.

Im ersten Ordner (**Arbeitsmaterial**) finden die oben schon erwähnten Arbeitsmaterialien. Der Fragebogen kann mit einem Jugendlichen unter vier Augen bearbeitet werden. Vorher sollten natürlich schon entsprechende Verhaltensweisen beobachtet werden, die mit an Sicherheit grenzender Wahrscheinlichkeit auf einen bestimmten Persönlichkeitsstil hindeuten. Der Fragebogen kann dann mehr „Licht ins Dunkel" bringen. Mithilfe eines Schemamodusgesprächs kann man gemeinsam ein Problembewusstsein erarbeiten. Die Textblätter helfen ebenfalls bei der Psychoedukation. Vielleicht kommt auch beim Bearbeiten dieser Materialien heraus – man war diagnosetechnisch auf dem falschen Dampfer (kann passieren). Auch die Stühlearbeit und die Besinnungstexte sind effiziente Methoden in der Problemklärungsphase.

Der zweite Ordner (**Grundlagen**) beinhaltet Dateien, die zahlreiche Informationen über die Schemapädagogik offenbaren.

Im dritten Ordner (**Sonstiges**) finden Sie einen aktuellen Flyer sowie die Beschreibung eines Franchise-Angebots (Schemapädagogik-Trainerin/-Trainer).

Um zum Download zu gelangen, müssen Sie lediglich die Homepage des Ibidem-Verlags aufrufen (http://www.ibidem-verlag.de). Danach geben Sie einfach den Buchtitel in das Recherche-Feld ein. Klicken Sie den Titel an und befolgen Sie die Download-Anweisungen. **Das erste Wort auf Seite 11 in diesem Buch ist gleichzeitig das Passwort**.

Ich hoffe, dass Ihnen die beschriebenen Methoden im Umgang mit Ihren herausfordernden Fällen hilfreich sind. Wenn Sie Fragen oder Anregungen haben, schreiben Sie mich einfach an (siehe unten).

Mein Dank geht an Luisa Martinez, die für die ansprechenden Zeichnungen verantwortlich ist.

Worms, im Sommer 2013
Dr. Marcus Damm

Kontakt

Institut für Schemapädagogik
Dr. Marcus Damm
Höhenstr. 56
67550 Worms

E-Mail: info@marcus-damm.de
Internet: http://www.schemapädagogik.de

Einleitung: Schemapädagogik® - ein neuropädagogisches Konzept entwickelt sich

Lernziele

In diesem Beitrag werden verschiedene Ziele verfolgt. Er beinhaltet zum einen die pädagogischen und psychotherapeutischen Grundlagen der Schemapädagogik® (vgl. DAMM 2010a, 2010b, 2010c). Namentlich handelt es sich hierbei besonders um die Schematherapie (YOUNG et al.2008) und Klärungsorientierte Psychotherapie (SACHSE 2003; 2006; SACHSE et al., 2009).

Zum anderen wird auf das Konzept der Persönlichkeitsstörungen (FIEDLER 2007; NISSEN 2000) sowie auf neuere Interventionen der Schemapädagogik (vgl. DAMM 2013) eingegangen.

1 Schemapädagogik – ein neues Konzept entwickelt sich

Das Projekt Schemapädagogik nahm 2009 langsam Gestalt an. In einer Weiterbildung von BF 1-Fachpraxislehrerinnen und -lehrern, an der – Achtung: narzisstische Tendenz! – *ich* in Speyer als Dozent mitwirkte, stand bereits im 1. Modul das Thema „Umgang mit interaktionsschwierigen Schülern" auf dem Programm.

Während meiner Vorbereitungen stieß ich auf die Schematherapie. Hier fand ich ein schlüssiges integratives Konzept zum Umgang mit verhaltensauffälligen Klienten im Psychotherapiebereich. Testweise habe – Entschuldigung: wieder die narzisstische Tendenz – ich wesentliche schematheoretische Konzepte wie die Schematheorie und das Modusmodell auf den Schulbereich (Sek. 2) übertragen. Weiter befruchtet wurde die Vorbereitung von der sogenannten Klärungsorientierten Psychotherapie (SACHSE 2003), in der u.a. provozierende Kommunikationsstrategien von interaktionsschwierigen Klienten transparent gemacht und gemeinsam bearbeitet werden (sog. Images, Tests, Psychospiele und Appelle).

Ebenfalls wurden auch die Transaktionsanalyse (BERNE 1964) und die Konfrontative Pädagogik (KILB, WEIDNER & GALL 2003) bei der Planung als sinnvoll erachtet. D.h., verschiedene Elemente wurden in das oben genannte Seminar integriert. Das Konglomerat wurde schließlich mit dem Begriff „Schemapädagogik" etikettiert. Dann fing die eigentliche Konzeption und Ausarbeitung des neuen Ansatzes erst richtig an.

Seit der publikationstechnischen Grundlegung des Konzepts vor wenigen Jahren (DAMM 2010a) wurden mehr als 500 pädagogische Fachkräfte aus den unterschiedlichsten Praxisfeldern im Rahmen von Seminaren und Fortbildungen schemapädagogisch gecoacht. Eine erste Evaluation im Schulbereich fiel sehr positiv aus (DAMM 2012a, S. 226ff.). Fazit bisher: Schemapädagogik fördert die pädagogische Fach- und Sozialkompetenz! Zahlreiche Publikationen erschienen bis dato (siehe weiterführende Literatur). Erfreulicherweise tut sich heuer auch was in Hinsicht auf das Projekt „bundesweite Fort- und Weiterbildung". In Kooperation mit dem Trainerkollektiv AWOLON wird derzeit in Nordrhein-Westfalen eine berufsbegleitende Weiterbildung zur Schemapädagogin/zum Schemapädagogen konzipiert. Im Frühjahr 2014 soll es losgehen (nähere Informationen unter folgender Adresse: http://www.awolon.de).

1.1 Anwendungsbereiche

Mittlerweile liegen ausgearbeitete Methoden, Einheiten und Materialien für verschiedene sozialpädagogische Praxisfelder vor: für den Kita- und Hortbereich (Damm 2010d), ebenso für die Bereiche Schule (DAMM 2010b; DAMM & EBERT 2012) und soziale Arbeit (DAMM & WERNER 2011). Der Transfer des Konzepts der Persönlichkeitsstörungen in das Praxisfeld Erziehung und Bildung gestaltete sich als recht umfangreich: Letztes Jahr erschien die Buch-Trilogie *Persönlichkeitsstörungen verstehen in der Schule, Schulsoziarbeit und Jugendhilfe verstehen 1-3* (DAMM 2012a, 2012b, 2012c).

2 Grundlagen

Im Folgenden werden die Grundlagen der Schemapädagogik ausgeführt.

2.1 Schemabasierte Psychotherapien

Die sogenannten schemabasierten Psychotherapien, etwa Schematherapie und Klärungsorientierte Psychotherapie, gehören zur „dritten Welle" in der Verhaltenstherapie.

Rainer Sachse entwickelte die Klärungsorientierte Psychotherapie (2003). Zunächst an der klassischen Gesprächspsychotherapie angelehnt, wurde sie später weiter modifiziert. Sie vereinigt nunmehr in sich Aspekte der sogenannten *Zielorientierten Gesprächspsychotherapie, process-experiental psychotherapy*, und sie wird ergänzt durch kognitiv-behaviorale Methoden. Im Unterschied zur Vorgehensweise in der (nicht-direktiven) Gesprächspsychotherapie, deren Elemente in die Sozialpädagogik transferiert wurden, übernimmt der Therapeut die Verantwortung für den Prozess. Klärungsorientierte Psychotherapie ist im hohen Maß prozessorientiert aufgebaut (und nicht non-direktiv).

Klärungsorientierte Psychotherapie ist kein rein kognitives Verfahren, sondern – wie auch die Schematherapie – ein integratives. Hier wird vor allem dem motivationspsychologischen Befund Rechnung getragen, dass es, verkürzt gesagt, zwei innerpsychische Motivationssysteme gibt, die in der Therapie berücksichtigt werden müssen: (a) ein explizites (dem Klienten bewusst) und (b) ein implizites (dem Klienten nicht bewusst) (ROTH 2007).

In diesem Ansatz versteht man entsprechend auch Schemata als Muster mit kognitiven *und* affektiven Anteilen; sie laufen automatisiert ab und steuern das Verhalten. Die Schema-Aktivierungen und die damit verbundenen kostenintensiven Auswirkungen sind dem Betreffenden nicht präsent, weil dysfunktionale Schemata vor allem im impliziten Gedächtnis verortet sind (ROTH 2003).

Theoretische Fundierungen dieses Ansatzes sind unter anderem die Bindungstheorie, Transaktionsanalyse, selbstverständlich das Schema-Modell und, wie schon angedeutet, die Motivationspsychologie. Zur Anwendung kommt das Konzept vor allem bei Persönlichkeitsstörungen, Angststörungen, Depression, Abhängigkeitserkrankungen und psychosomatischen Störungen.

Wie auch in der Kognitiven Therapie und Schematherapie der Fall, so wird auch im Rahmen der Klärungsorientierten Psychotherapie davon ausgegangen, dass dysfunktionale Schemata persönliche und soziale Probleme verursachen. Diese Schemata werden von Klienten nicht objektiv wahrgenommen, da bereits die Wahrnehmung schemaspezifisch eingefärbt sein kann. Von sich aus, so die therapeutische Erfahrung, führen Klienten selbst so gut wie keine Klärungsprozesse aus.

Der US-amerikanische Psychotherapeut Jeffrey E. Young ist der Begründer der Schematherapie. Sie stellt eine Erweiterung der Kognitiven Verhaltenstherapie dar (Young wurde am Forschungsinstitut für Kognitive Therapie von Beck ausgebildet).

Die Schematherapie ist eine schulenübergreifende Konzeption und wird, wie oben schon erwähnt, zur dritten Welle der Verhaltenstherapie gezählt (wie auch die Klärungsorientierte Psychotherapie). Youngs Ansatz bezieht Aspekte der Verhaltenstherapie, Neurobiologie, Kognitiven Therapie, Bindungstheorie, Gestalttherapie und der psychodynamischen Therapie mit ein. In Deutschland erfährt der Ansatz immer mehr Popularität, was sicherlich auch mit der in Fachkreisen bekannten Forderung von GRAWE (2004) zusammenhängt, den Schema-Begriff in die von ihm angeregte Allgemeine Psychotherapie mit einzubeziehen. Der Psychiater Eckhard Roediger (2009) unterstützt die Verbreitung im deutschsprachigen Raum sehr intensiv. Er veröffentlichte hierzulande den ersten Beitrag zur Schematherapie und bereicherte sie um einige Erweiterungen. Ferner bezog er die Schematherapie auf das von Grawe entwickelte integrative Therapieverständnis.

2.2 Neurobiologische und schematheoretische Grundlagen der Entwicklung

Die Persönlichkeit eines Menschen reift in Form einer Wechselwirkung zwischen Anlage- und Umwelteinflüsse bereits in den ersten sechs Jahren zu einem Großteil heran. Dies ist kein Zufall, als sich in dieser Zeitspanne das Gehirn so fundamental entwickelt, wie zu keinem Zeitpunkt mehr danach. Zwar hat ein zweijähriges Kind bereits in etwa so viele Gehirnzellen wie ein Erwachsener (etwa 100 Milliarden) – aber eines hat noch nicht stattgefunden: Die Feinverdrahtung *zwischen* den Zellen. Überwiegend „vernetzt“ ist das Gehirn bereits im Alter von 4 bis 7 Jahren (ROTH 2007). Eine gewisse Plastizität bleibt jedoch ein Leben lang bestehen. Das heißt, es können in bestimmten Situationen neue Bahnungen und Verbindungen erfolgreich angelegt werden, auch und gerade in sozialpädagogischen Einrichtungen! (Hierzu muss aber die Beziehung zwischen den Beteiligten stimmen, da sie der „Motor“ von jeglichen Umbaumaßnahmen im Gehirn darstellt: Ohne Beziehung geht, lapidar gesagt, nichts!).

Schaut man sich die Ausformung des Gehirns in den ersten Lebensjahren genauer an, so fällt auf, dass das Wachstum von *unten nach oben* verläuft. Bereits im Mutterleib, genauer gesagt, etwa ab der sechsten Schwangerschaftswoche, sind „niedere" Strukturen des sogenannten limbischen Systems nachweisbar – dieses Hirnareal wird mit Emotionen und Motivationen in Zusammenhang gebracht –, und es kommt ab diesem Zeitpunkt schon zu gefühlsspezifischen Konditionierungsprozessen, die durch die hauptsächlichen Bezugspersonen inszeniert werden (SPITZER 2009). Der Fötus wird also bereits im Bauch der Mutter (emotional) sozialisiert.

Nachweislich korreliert eine Schwangerschaft, die viele Risikofaktoren aufweist, etwa Substanzmittelmissbrauch der Mutter, traumatische Erfahrungen, Gewalterfahrungen, ein „stressender Lebensstil" usw., mit einem extrovertierten, stresssensiblen (vulnerablen) Temperament seitens des Neugeborenen (ROTH 2007).

Die Entwicklung des sogenannten Neocortex (Großhirnrinde) andererseits, der für die höheren, sprich vernünftigen Leistungen zeitlebens verantwortlich ist, findet erst *nachgeburtlich* statt, und zwar maßgeblich in den ersten Lebensjahren. Das Gehirn verdrahtet sich entsprechend so, wie es das soziale Umfeld des Betreffenden vorgibt.
Konkret gesagt: Die soziale Umwelt mitsamt ihren Eigenarten und Ritualen wird wie ein „Schwamm" aufgesogen. – Die jeweils erlebte Realität wandert „nach innen", wird entsprechend Bestandteil des eigenen Selbst, des Subjektiven. Psychoanalytiker nennen diesen Prozess Verinnerlichung von Objekt-Imagines. Und weiter: Spezifische Einstellungen der Bezugspersonen über den Heranwachsenden werden schrittweise zu seinen(!) Meinungen (Schemata), zu Ansichten über sich selbst, die Welt (und andere).

Individuelle Erlebens- und reaktive Verhaltensmuster zementieren sich nach und nach, insbesondere wenn die äußeren sozialen Verhältnisse dies geradezu erfordern. Je öfter das soziale Umfeld ein bestimmtes Feedback gibt („Deine Meinung zählt nicht!"), desto eher werden die psychisch notwendigen Reaktionen, beispielsweise die Tendenz zur Unterordnung beziehungsweise zur Kompensation, zu einem festen innerpsychischen Bestandteil der eigenen Persönlichkeit. Die Reaktionen werden entsprechend zu festen Schemata, die später in Situationen, die an die ursprünglichen Verhältnisse erinnern, stets wieder automatisch ausgelöst werden.

Weil nun vernunftfähige Teile der Großhirnrinde sowie die Areale, die das Ich-Bewusstsein konstruieren, erst Jahre nach der Geburt fertig ausgeprägt sind, werden automatisierte (eventuell negative) soziale Verhaltensmuster, die in den ersten Lebensjahren erlernt wurden, später hinaus nicht reflektiert und sind somit auch nicht veränderbar. Denn sie laufen im Hier und Jetzt nach neurowissenschaftlicher Argumentation unbewusst ab (ROTH 2003).

2.3 Konzept der Persönlichkeitsstörungen

Das Konzept der Persönlichkeitsstile/-störungen ist im Praxisfeld Erziehung in der Regel völlig unbekannt. Dies ist kein Zufall, sondern bildungspolitisch bedingt. PädagogInnen durchlaufen eine andere Ausbildung als PsychologInnen (die das genannte Konzept daher in der Regel kennen). Meines Erachtens stellt dies heutzutage ein – von uns Fachkräften unbemerktes – Manko dar. Das Wissen um das Konzept der Persönlichkeitsstile kann dabei helfen, diejenigen Beziehungsstörungen in pädagogischen Praxisfeldern zu erkennen und zu begreifen, die mit dem üblichen „pädagogischen Handwerkskoffer" gar nicht in den Griff zu bekommen sind.

Der Persönlichkeitsstil, ein Bündel aus spezifischen Denk- und Verhaltensweisen, beeinflusst maßgeblich in emotionaler und rationaler Weise die relevanten Lebensbereiche einer Person (OLDHAM & MORRIS 2007, S. 9): die Beziehungen, das Arbeitsverhalten, das Selbstbild, die Gefühle und Impulse im Alltag usw. Ebenfalls der Umgang mit den Kindern, den KollegInnen wird vom eigenen Persönlichkeitsstil beeinflusst.

Charakterisiert sich ein Persönlichkeitsstil als sehr extrem, erfüllt er manchmal die Kriterien einer sogenannten Persönlichkeitsstörung. Persönlichkeitsstörungen charakterisieren sich durch folgende Faktoren und Phänomene (TRESS et al. 2002):

a) Der/die Betreffende zeigt andauernde, unflexible, unangepasste und vor allem auffällige Verhaltensmuster.
b) Es liegt ein tief verwurzeltes Fehlverhalten vor, welches in den meisten sozialen und persönlichen Situationen unpassend ist.
c) Eine schwerwiegende Einschränkung folgender Funktionsbereiche ist erkennbar: Antrieb/Motivation, Impulskontrolle, Reflexionsfähigkeit und Wahrnehmung.
d) Die Störung ist *fester* Bestandteil der Persönlichkeit.
e) Die beruflich-soziale *Leistungsfähigkeit* ist stark eingeschränkt.

Persönlichkeitsstörungen kommen relativ häufig vor. Man geht davon aus, dass circa 10–15 % der Allgemeinbevölkerung von (mindestens) einer solchen psychischen Beeinträchtigung betroffen sind (NISSEN 2000; FIEDLER 2007). Meistens offenbaren die Betreffenden mehr als nur eine Störung. Dieser Wert ist schon ziemlich bemerkenswert. Aber: Hinzu kommt noch eine Personengruppe, die etwa 15 % der Allgemeinbevölkerung ausmacht. Diese Gruppe offenbart „nur" eine auffällige Ausprägung mindestens eines Persönlichkeitsstils (quasi die Vorstufe einer Persönlichkeitsstörung) (LELORD & ANDRÈ 2005).

3 Schemapädagogische Interventionen und Methoden in pädagogischen Praxisfeldern

Die alltägliche Praxis mit Kindern und Jugendlichen wird nun von SchemapädagogInnen um zwei Dimensionen erweitert: um eine schema- und persönlichkeitsspezifische Perspektive. Im Folgenden wird darauf eingegangen.

3.1 Diagnostik (Beobachtungsphase)

Im Rahmen der Schemapädagogik werden innerpsychische Muster der Klienten diagnostiziert, sogenannte Schemata, und thematisiert.

Ein solches Schema führt im Falle einer Aktivierung zu bestimmten Erinnerungen, Gedanken (Kognitionen), Emotionen und Körperempfindungen. Zu einer Aktivierung kommt es gewöhnlich, wenn der Betreffende in eine Situation gerät, die in einem Zusammenhang steht mit unliebsamen biografischen Erfahrungen.

Die aktuelle Situation wird dann automatisch als Gefahrensituation interpretiert. Intuitiv reagiert er unangepasst, übertrieben. Erschwerend kommt hinzu: Das, was um ihn herum passiert, sieht er als *Ursache* seines Erlebens an, er erkennt nicht, dass die Situation/der Mitmensch usw. „nur" sein(!) innerpsychisches Muster *auslöst*.

Ein Schema beeinflusst den Lebensstil des Betreffenden maßgeblich (YOUNG et al. 2008). Zum Beispiel „gerät" er immer wieder „ungewollt" in dieselben Situationen. Am Muster *Misstrauen/Missbrauch* lässt sich der Mechanismus gut demonstrieren.

Manche Personen mit diesem Schema suchen und finden ausschließlich Beziehungspartner, die Erstere schlecht behandeln. Oder sie behandeln im Zuge des Musters andere schlecht.

Tabelle 1: Schemata, Kognitionen und Bewältigungsreaktionen

Schema	Verhalten des frühen sozialen Umfeldes	Kognitionen des Betreffenden späterhin	Erduldung des Schemas	Vermeidung des Schemas	Kompensation des Schemas
1. Emotionale Vernachlässigung	Vernachlässigung, Gleichgültigkeit, Desinteresse	„Ich kann mich nur auf mich selbst verlassen, niemand hilft mir!"	Erschaffung eines verantwortungslosen Umfelds	Abschottung nach außen, „lonesome cowbow", „Marlboro Man"	Aufopferung, soziales Engagement
2. Verlassenheit/Instabilität	Unzuverlässigkeit, Wechsel zwischen Fürsorge und Alleinsein	„Meine aktuelle Bezugsperson ist in jeder Hinsicht unzuverlässig!"	Suche nach nicht erreichbaren Beziehungen	Beziehungen werden nicht gesucht, lediglich oberflächliche Freundschaften geduldet	Beziehungen vorauseilend beenden, bevor einem der andere „zuvorkommt"
3. Misstrauen/ Missbrauch	Emotional, physisch und/oder psychisch schädigend	„Es gibt nur gute und böse Menschen – das gilt auch für meine Beziehungspartner!"	Suche nach emotional, physisch und/oder psychisch schädigenden Partnern	Kein einziger Beziehungspartner hat eine Chance, man bleibt alleine	Opfer-Täter-Umkehr: Man behandelt die anderen so negativ, wie man es selbst erfahren hat
4. Soziale Isolation	Soziale Minderheit, „Wagenburg-Familie"	„Ich wurde in meiner bisherigen Schulzeit immer ausgegrenzt!"	Selbstinszenierte Übernahme der Außenseiterrolle	Keinerlei Bemühung um Integration	Entwicklung einer starken Leistungsmotivation, man will dazugehören
5. Unzulänglichkeit	Demütigung, Herabsetzung, Vermittlung der „Loser-Rolle"	„Ich kann einfach nix, versage regelmäßig, weil ich so bin, wie ich bin!"	Aktive(!) Übernahme der Sündenbockrolle (unbewusst)	Selbstschutz durch introvertiertes Auftreten, Außenseiter	Kasperei, hohe Ansprüche an sich selbst und andere

6. Erfolglosigkeit/ Versagen	Aktive Entmutigung, heillose Überforderung, Erschaffung einer Versager-Mentalität seitens des Betreffenden	„Jeder andere ist in so gut wie jeder Hinsicht besser als ich, ich erreiche nichts!“	Weit unter seinen Fähigkeiten bleiben, „es ist halt so“	Abkapselung, Einigeln	Perfektionismus, alles ist nun anders
7. Abhängigkeit/ Inkompetenz	Überbeschützend, symbiotisch, „beglückend“, kindliche Neugier und Selbsterfahrung wurden verhindert	„Ich kann das nicht und brauche daher Unterstützung!“	Passivität offenbaren, sich abhängig machen, hilflos sein	Überhaupt keine Verantwortung mehr übernehmen wollen	Extreme Unabhängigkeit offenbaren, „Überwasser“ bekommen
8. Verletzbarkeit	Sehr ängstliche, übersensible oder kontrollierende Eltern	„Alles, was neu und fremd ist, möchte ich vermeiden, man kann sich nie genug schützen!“	Überwiegend werden Gefahren im Alltag wahrgenommen und thematisiert	Strikte Vermeidung von fremden sozialen Situationen	Gefahren werden nun gesucht, Risikoverhalten
9. Verstrickung/ Unentwickeltes Selbst	Symbiotische Eltern, die den Betreffenden von sich systematisch abhängig machten	„Nur *mit* dir bin ich jemand, ich kann nicht ich selbst sein!“	Sich nicht von den Eltern lösen können, regelmäßige Kommunikation, Rat und Hilfe holen sich Betreffende beim sozialen Umfeld	Beziehungen außerhalb der Familie werden nicht geführt	Abgrenzungsverhalten, „Fluchttendenzen“, Entwicklung einer „Revoluzzer-Mentalität“
10. Anspruchshaltung/ Grandiosität	Der Betreffende erfuhr wenig Widerstand und wenige Grenzen in der Erziehung, Verwöhnung, Besetzung des Familienthrons	„Ich bin etwas Besonderes, für mich gelten nicht die Regeln, die für Normalos gelten; ich verdiene eine Sonderbehandlung und habe Sonderrechte!“	Entwicklung einer Alpha-Tier-Mentalität Mangel an Empathie, Hang zum Konkurrieren	Vermeidung „brenzliger“ Situationen (in denen man sich nicht beweisen kann)	Das soziale Umfeld begünst-igen und sich dann feiern lassen
11. Unzureichende Selbstkontrolle/ Selbstdisziplin	Das soziale Umfeld legte wenig Wert auf Disziplin (oder: viel zu viel!)	„Ich mache, was ich will, niemand kann mich zu etwas zwingen, was ich nicht will!“	Fast nicht vorhandene Frustrationstoleranz, an Regeln hält sich der Betreffende nicht	Es wird keinerlei Verantwortung übernommen	Projekte werden nunmehr mit extrem viel Aufwand angegangen

12. Unterwerfung/ Unterordnung	Unterdrückende, strenge, kontrollierende Eltern, Widerspruch wurde nicht geduldet	„Der andere weiß es besser, ich passe mich an, ordne mich vorauseilend unter!“	Vorauseilender Gehorsam, Ja-Sager-Mentalität, Entwicklung einer Fried-Höflichkeit, chamäleonartiges Auftreten	Konflikte werden vermieden, vorauseilende und kritiklose Anpassung an die vorhandenen Verhältnisse	Rebellion, passiv-aggressive Verhaltensweisen beziehungsweise Übernahme der Bestraferrolle (= Identifizierung)
13. Aufopferung	Eltern in sozialen Berufen; oder: überforderte, schwache Eltern	„Nicht mein Wohl, sondern das der anderen steht im Vordergrund!“	Helferberuf ergreifen, eigene Bedürfnisse verdrängen	Vermeidung von Beziehungen, in denen man aktiv wäre	Abgrenzung, Aufgabe des bisherigen sozialen Umfelds
14. Streben nach Zustimmung und Anerkennung	Die Eltern spendeten nur für Leistung oder sozial erwünschtes Verhalten Zuneigung und Anerkennung	„Alle müssen gut von mir denken, daher muss ich es allen eben recht machen!“	Den Wert der eigenen Leistung von der Meinung und dem Lob und Zuspruch der anderen abhängig machen	Vorauseilendes Anpassen an den jeweiligen Gesprächspartner, stets das Fähnlein in den Wind hängen, konform leben	Negative Aufmerksamkeit suchen, anecken, provozieren wollen
15. Emotionale Gehemmtheit	Eltern, die die Kontrolle von Emotionen belohnten und entsprechende Vergehen bestraften	„Ich muss mich stets kontrollieren – erst denken, vernünftig bleiben, dann reden; Gefühle sind nicht gut!“	Nach innen und außen gefühlskontrolliert agieren, Wert legen auf präzise Kommunikation	Situationen, in denen Spontaneität gefragt ist, werden nicht aufgesucht	Integration in eine straffe Hierarchie, dort kognitiv funktionieren wollen
16. Überhöhte Standards	Liebe wurde nur bei Leistung gewährt (leistungsbezogene Zuwendung)	„Ich muss ehrgeizig und fleißig sein, immer was tun!“	Perfektionismus-Syndrom, hohe Erwartungen auch an andere	Unstrukturierte Situationen und Umwelten werden gemieden	Aussteiger-Ambition, Reduktion der Leistungsmotivation
17. Negatives hervorheben	Katastrophierende Eltern, die überall Gefahren und „das Unheil“ sahen	„Ich finde immer ein Haar in der Suppe, das Glas ist halb leer!“	Strikte Erwartung des Negativen	Das Gewohnte bevorzugen, enge Kreise ziehen	Andere vom „Negativen“ überzeugen wollen, Risiken aufsuchen

18. Bestrafungs-neigung	Eltern nahmen das Kind als „böse“ und „verbesserungswürdig“ wahr	„Menschen sind voller Ecken und Kanten – und die muss man zurecht schleifen!“	Hart zu sich selbst und zu anderen sein, „Vergehen“ werden geahndet	Fähnchen in den Wind hängen, vorauseilend „brav“ sein, funktionieren	Vorschriften streng befolgen, ohne Mitleid auftreten

In Zusammenhang mit einem oder mehreren Schemata steht ein sogenannter Schemamodus. Er tritt unmittelbar in Erscheinung, sobald ein Schema aktiviert ist. Den Begriff kann man auch übersetzen mit: Ich-Zustand, Persönlichkeitsfacette, Teil-Persönlichkeit. YOUNG et al. (2008) unterscheiden verschiedene Schemamodi.

Ist ein Klient etwa im *Modus Impulsiv-undiszipliniertes Kind*, dann wirkt er aufmüpfig, unreflektiert, bockig. Ist zum Beispiel der *Schikanierer- und Angreifer-Modus* aktiviert, erscheint der Betreffende sadistisch, unempathisch und gewaltbereit (siehe unten).

Erfahrungsgemäß haben die Klienten so gut wie keinen Einblick in ihrer innerpsychische Strukturen, genauer gesagt, sie kennen ihre eigenen Schemamodi (und Schemata) nur ungenügend. Wenn zum Beispiel ein Klient „mal wieder seine 5 Minuten hat“ und versucht, den Sozialarbeiter an der Nase herumzuführen, so könnte Letzterer zu dem Schluss kommen: „So jetzt bist Du im *Manipulierer, Trickser, Lügner-Modus.*“

Ganz wichtig: Ist einer der genannten Modi aktiv, denkt, fühlt und handelt der Klient in einer ganz bestimmten Weise. Mit „gesundem Menschenverstand“ kann man ihn nicht von seinem „Trip“ abbringen. Man muss warten, bis der Betreffende „runterkommt“ beziehungsweise im sogenannten *Modus des Gesunden Erwachsenen* ist. Dann erst ist er selbstreflektiert, einsichtig, reaktionsflexibel, offen und aufnahmefähig.

In folgender Tabelle sind die wichtigsten Modi sowie ihre Auswirkungen zusammengefasst (ROEDIGER 2009, 67):

Tabelle 2: Modusmodell

Das Modusmodell umfasst...		Bei entsprechender Aktivierung ist die Person...
Kind-Modi	a) *Verletzbares Kind*	... verwundbar, sensibel, emotional
	b) *Ärgerliches (bzw. Wütendes) Kind*	... aufgebracht, unreflektiert, sauer
	c) *Impulsiv-undiszipliniertes Kind*	... bockig, widerspenstig, aufmüpfig
	d) *Glückliches Kind*	... begeistert, kontemplativ, unbekümmert, glänzend aufgelegt
Maladaptive Modi	*Unterordnender Modus (Angepasster Unterwerfer)*	... passiv, aufmerksam, vorsichtig, vorauseilend „dienlich“
	Gefühlsvermeidende Modi a) *Distanzierter Beschützer*	... rational, unnahbar, ausweichend
	b) *Distanzierter Selbstberuhiger*	... emsig, aktiv (neigt auch zu Suchtmittelmissbrauch

	c) *Aggressiver Beschützer* *Überkompensierende Modi (Übertreiber)* a) *Selbsterhöher* b) *Schikanierer- und Angreifer-Modus* c) *Manipulierer, Trickser, Lügner* d) *Zerstörer-/Killer-Modus* e) Zwanghafter Kontrolleur	... vorauseilend „stachelig“, feindselig ... denunzierend, narzisstisch, selbstverherrlichend ... sadistisch, teuflisch, gewaltbereit ... motiviert, durch Tricks verdeckt ein bestimmtes Ziel zu verfolgen ... gewalttätig, brutal, mitleids- und gewissenlos ... überkontrollierend, spaßbefreit
Dysfunktionale internalisierte Eltern-Modi	Innere Antreiber (nach außen und innen wirkend) Innere Bestrafer (nach innen und außen wirkend)	... sehr anspruchsvoll sich selbst und anderen gegenüber ... geneigt, sich selbst und anderen physischen/psychischen Schaden zuzufügen
Modus des Gesunden Erwachsenen	Gesunder Erwachsener	... selbstreflektiert, rational, reaktionsflexibel, neugierig, offen, aufnahmefähig

3.1 Komplementärer Beziehungsaufbau

SchemapädagogInnen praktizieren neben den üblichen humanistischen Einstellungen (Empathie, Kongruenz, Akzeptanz) auch ein ganz bestimmtes Auftreten. Sie passen sich aktiv und direkt an die Motivebene des Klienten an. D.h. sie arbeiten an einer komplementären Beziehungsgestaltung.

Die Fachkraft interpretiert Verbales sowie Non-Verbales und erspürt quasi das hinter den Tests und Psychospielen verborgene Bedürfnis. Praktiker werden es wissen: Gerade „schwierige“ Kinder und Jugendliche brauchen vor allem Anerkennung, das Gefühl von Solidarität, Wichtigkeit und Verlässlichkeit (SACHSE 2003).

Gleichzeitig dauert es gewöhnlich seine Zeit, bis der professionelle Helfer einen privaten Zugang zu dem Betreffenden findet. Grund: Der Jugendliche hat früher einmal ausführlich gelernt, dass Grundbedürfnisse nicht so leicht von anderen erfüllt werden, sondern vielleicht sogar *gerade dann* unerfüllt bleiben, wenn man sie authentisch(!) anmeldet. *Aus diesem Grund kommt es ja erst zu den Tests, Psychospielen und – zu den Schemata/Persönlichkeitsstilen/-störungen.*

Welche Bedürfnisse jeweils im Vordergrund stehen, finden SchemapädagogInnen recht zügig heraus. Sie achten auf spezielle Verhaltensweisen des Jugendlichen, die dazu dienen, den Gesprächspartner zu manipulieren, ihm erwünschte Reaktionen aufzuzwingen.

3.1.1 Umgang mit Psychospielen

Es kann sein, dass herausfordernde Jugendliche im Falle einer Schemamodusaktivierung (etwa: „Selbsterhöher-Kevin") auch ein sogenanntes Psychospiel (BERNE 1964) mit der Fachkraft inszenieren, und zwar sehr professionell, d.h., in einer sehr manipulativen Art und Weise. Man durchschaut es möglicherweise erst dann, wenn es zu spät ist, sprich: wenn der Heranwachsende mit seiner Masche einen überrumpelt und entsprechend „gewonnen" hat.

Kostenintensive Spiele, mit denen auch die professionelle Fachkraft im Praxisfeld Erziehung konfrontiert wird, heißen z.B. „Diskussion" und „Versetz mir eins" (DAMM 2010a):

- (a) Beim Spiel „Diskussion" verwickelt der Zu-Erziehende den Pädagogen in endlose Debatten. Bereits eine einzige Aufforderung, etwa: „Räum bitte die Bücher weg!", kann eine ausführliche Auseinandersetzung auslösen. Das Psychospiel verfolgt meistens das Ziel, vor Publikum längerfristig Aufmerksamkeit zu erzwingen bzw. zielt darauf ab, sich der Aufforderung des Erziehers letzten Endes zu entziehen.
- (b) Hierzu dient auch das Spiel „Versetz mir eins". Der Betreffende stört auf unterschiedliche Arten z.B. die Gruppenarbeit. Er zwingt auf diese Weise den Erzieher zum Reagieren. Disziplinarmaßnahmen verpuffen wirkungslos. Der Betreffende spielt weiter sein Spiel. Je weiter das Spiel voranschreitet, desto massiver werden die Störungen. Irgendwann hat der Erzieher keine Wahl mehr und verweist den Betreffenden aus dem Saal. Das Ziel wurde erreicht: (negative) Aufmerksamkeit – wieder vor Publikum – provozieren.

Die pädagogische Fachkraft sollte sich immer vergegenwärtigen, dass solche Interaktionsmuster in der Biografie der Betreffenden irgendwann einmal sehr förderlich waren. Sie waren wahrscheinlich eine notwendige Alternative – zur Authentizität. Wahrscheinlich hat die verbale Äußerung eines Bedürfnisses (etwa Aufmerksamkeit) keinen oder nur wenig Erfolg nach sich gezogen.

Psychospiele sind aus dieser Perspektive „Notlösungen" für nicht lösbare Dilemmata in der Kindheit. Trotzdem sind Psychospiele sehr kostenintensiv. Das weiß jeder Pädagoge aus Erfahrung. Schemapädagogen reagieren daher bewusst auf sie. Entsprechend nehmen Fachkräfte bestenfalls bei der Aktivierung solcher Manipulationen eine innere gelassene Haltung ein. Man ist ja nicht als Person gemeint, sondern lediglich ein Mittel zum Zweck (Bedürfnisbefriedigung). Es gibt u.a. vier verschiedene Möglichkeiten, Psychospiele über kurz oder lang zu stoppen (DEHNER & DEHNER 2007):

1. Strategie a: Das Spielgeschehen ansprechen (aufdecken).
2. Strategie b: Den weiteren Spielablauf vorwegnehmen.
3. Strategie c: Den Spieler mit den Kosten seines Verhaltens konfrontieren.
4. Strategie d: Den Spieler als Person wertschätzen und Verhaltensalternativen aufzeigen.

3.2.2 Umgang mit „Manipulationstechniken"

Ein sogenanntes Image ist eine (unbewusste) Technik, mit der ein Zu-Erziehender ein bestimmtes Persönlichkeitsbild von sich veräußerlichen will. In der Regel handelt es sich gleichzeitig aber auch um einen Hinweis auf ein zentrales Grundbedürfnis.

Der Sozialpädagoge soll durch ein Image zu einem bestimmten Eindruck in Hinsicht auf den Betreffenden kommen. Mit einem Image wird gleichzeitig, und darauf sei noch einmal hingewiesen, ein bestimmtes Grundbedürfnis kommuniziert (was auf den ersten Blick leider nicht ersichtlich ist).

Meistens entspricht ein Satz wie „Ich mache Kampfsport" einem Image (übersetzt: „Ich bin ein harter Typ!"). Oder nehmen wir eine Aussage wie: „Ich bin bei den Ultra-Fans und boxe mich gerne am Wochenende!" (dito). Im Falle solcher Images machen sich Schemapädagogen bewusst, dass die Betreffenden mit der Darstellung ihrer Hobbys *nur* (unbewusst) auf ein sehr relevantes Bedürfnis verweisen (in der Regel: Anerkennung, Wahrgenommen-Werden).

Und es muss auch klar sein: Das Image ist nicht persönlich gemeint, sondern würde jedem anderen Interaktionspartner jetzt auch unterbreitet. Eine professionelle Reaktion in solchen Fällen gestaltet sich folgendermaßen: Der Schemapädagoge dockt kurz in neutraler und authentischer(!) Weise an dem jeweiligen Image/Grundbedürfnis an und fährt dann unbeeindruckt fort („Aha, bei den Ultra-Fans – die sind hart drauf. Welcher Verein?").

Auf diese Weise wahren beide Parteien ihr Gesicht. Außerdem werden dadurch schon, weil man miteinander „warm" wird, in der Anfangsphase eventuell vorauseilend Konflikte vermieden.

Eine weitere Manipulationstechnik ist der sogenannte Test (Sachse, 2003). (Im Rahmen der Psychoanalyse wird dieser Mechanismus in einem ähnlichen Zusammenhang projektive Identifizierung genannt.)

Mittels eines Tests strebt der Zu-Erziehende an, eine bestimmte innerpsychische Erwartungshaltung zu *bestätigen*. Demnach kann es sein, dass ein Jugendlicher, der gegenüber dem Betreuer Antipathie verspürt, permanent rumnörgelt oder „aus Versehen" immer wieder zu spät kommt. Dadurch wird der Erwachsene geradezu zu einer negativen Reaktion ermuntert. *Und die Welt ist wieder für den Teenager in Ordnung...*

Natürlich sind solche Verhaltensweisen, wenn sie selten passieren, keine Tests. Es gilt die Faustformel: Je häufiger störendes Verhalten in mehreren Variationen auftaucht, desto wahrscheinlicher verfolgt der Betreffende ein bestimmtes zwischenmenschliches Ziel.

Handelt es sich bei der jeweiligen Aktion um einen Test – die Diagnose ist tatsächlich nicht einfach –, steckt der Erzieher in einem Dilemma. Bestraft er den Heranwachsenden, tut er genau das (Negative), was Letzterer mehr oder weniger unbewusst erwartet; und schon ist der Beziehungskredit auf null zurückgesetzt. Tut er nichts, provoziert der Erzieher weitere Tests seitens des Heranwachsenden – was zu mehr Stress führt.

Schemapädagogen sprechen daher, wenn sie sich sicher sind – wie auch im Falle eines Psychospiels –, humor- und verständnisvoll das Geschehen und die Möglichkeit an, dass der Zu-Erziehende ein bestimmtes Ziel mit seinem Verhalten verfolgt, etwa:

- (a) „Hast du das Glas jetzt runter geworfen, damit ich an die Decke gehe? Kannst Du vergessen!"
- (b) „Du kommst jetzt aber nicht wieder zu spät, weil du mich ein bisschen ärgern willst, oder?"
- (c) „Du willst mich jetzt vielleicht testen: Du willst wissen, wie ich auf so was reagiere!"

Solche Interventionen, die sicherlich einen konfrontativen Charakter haben, führen erfahrungsgemäß zu Irritationen aufseiten des Jugendlichen, vor allem dann, wenn er sich ertappt fühlt. Verwirrt ist der Heranwachsende in diesen Fällen deshalb, weil sein Interaktionspartner nicht so wie erwartet reagiert.

Heranwachsende, die verschiedene maladaptive Schemata und -modi ausgeprägt haben, haben u.a. meistens auch „gelernt", Bedürfnisse nicht offen anzumelden bzw. einzufordern. Laut YOUNG et al. (2008) entstehen viele Schemata bekanntlich durch dauerhafte Frustration verschiedener Grundbedürfnisse. Doch: Trotz Frustrationserfahrungen streben Menschen nach der Erfüllung ihrer Motive.

Erfahrungsgemäß werden auch sogenannte Appelle (SACHSE 2006) von betreffenden Jugendlichen, die darauf abzielen, Grundbedürfnisse zu befriedigen, nicht direkt und unmissverständlich kommuniziert, sondern verdeckt. Manchmal ist es für den Gesprächspartner gar nicht ersichtlich, dass diese oder jene Verhaltensweise eine Art Beziehungsangebot darstellt.

Wie oben schon erwähnt, stehen bei vielen, vor allem verhaltensauffälligen Kindern und Jugendlichen folgende Grundbedürfnisse im Vordergrund (ebenda, S. 37):

- Anerkennung/Akzeptierung,
- Wichtigkeit,
- Verlässlichkeit,
- Solidarität.

Es bedarf eines gewissen Fingerspitzengefühls bzw. einiger Berufserfahrung, um Situationen als solche zu erkennen, in denen Zu-Erziehende unbewusst Appelle kommunizieren. In solchen Momenten reicht eine Bemerkung oder Frage schon aus, um selbst bei verhaltensauffälligen Jugendlichen einen „positiven Marker" zu setzen.

„Passende" Antworten führen dann häufig zu ausführlicheren Gesprächen, die zwar vielleicht einen oberflächlichen Charakter haben, aber sehr gewinnbringend für den Zu-Erziehenden sind, weil sie – verdeckt – ein bestimmtes Bedürfnis befriedigen.

3.2 Problemklärungsphase

Ist durch die Realisierung der komplementären Beziehungsgestaltung genug „Beziehungskredit" (Sympathie, Vertrauen, Solidarität) aufgebaut, mehren sich die Situationen, in denen man mit dem Klienten authentisch und informell kommunizieren kann, d.h. wie mit einem „Partner" (SACHSE et al. 2009). Der Grund: Er befindet sich *häufiger im Modus des Gesunden Erwachsenen.* In solchen Momenten sollte der Heranwachsende dazu motiviert werden, an der Bewusstwerdung seiner kostenintensiven Persönlichkeitsfacetten (Schemamodi) zu arbeiten. Spielerisch bzw. humorvoll bietet man ihm einen Schemamodus-Arbeitsbegriff an, mit dem er kognitiv etwas anfangen kann. Einige Beispiele: „Wenn dich jemand auslacht, kommt der böse Max aus dir raus, nicht?" (*Ärgerliches Kind*) – „Wenn du so einen Strebertyp siehst, spricht schnell der Mobbing-Max aus dir, gell?" (*Schikanierer- und Angreifer-Modus*).

Erfahrungsgemäß entwickeln die Zu-Erziehenden dadurch rasch ein Bewusstsein von ihren innerpsychischen Strukturen. Festigt sich ein Arbeitsbegriff, wird dieser immer mal wieder in Unterhaltungen eingestreut, damit er sich „setzt", etwa: „Na, hat sich der Mobbing-Max mal wieder gemeldet?" Folglich ergeben sich so förderliche Gespräche, und der Teenager lernt eine kostenintensive Seite von sich selbst besser kennen. Kommt es einmal im Beisein der Fachkraft nunmehr zu einer entsprechenden Schemamodus-Aktivierung, kann gezielt interveniert werden: „Aha! Da ist er ja, der Mobbing-Max!"

Irgendwann sollten auch Gespräche über die Vor- und Nachteile des jeweiligen Schemamodus geführt werden. Da die Nachteile immer überwiegen, entwickelt sich seitens des Jugendlichen leicht ein stetig anwachsendes Problembewusstsein. Wenn Heranwachsende verschiedene Namen für ihre kostenverursachenden Persönlichkeitsfacetten gefunden haben, sind die Voraussetzungen für eine bewusste Kontrolle der Schemamodi geschaffen.

Ziel der schemapädagogischen Bemühungen ist die Förderung der Selbstkompetenz. Der Teenager soll irgendwann in der Lage sein, einen kostenintensiven Schemamodus zu kontrollieren. Der Helfer unterstützt ihn dabei. Außerdem kommen in dieser Phase zwei Arbeitsweisen aus der Schematherapie zum Einsatz: die Schemamodus-Erinnerungskarte und das Schemamodus-Tagebuch. Die Karte, auch Schemamodus-Memo genannt, füllt der Teenager mit dem Helfer aus. Sie hat die Form eines Arbeitsblatts und besteht aus vier Teilen. Zunächst (1.) benennt der Jugendliche eine typische Situation, die seinen Schemamodus auslöst. Im folgenden Abschnitt (2.) macht sich der Betreffende die Wirkungsweisen des Modus bewusst. Schließlich (3.) geht es darum, das unangebrachte Denken, Fühlen und Erleben ad absurdum zu führen. Letztlich (4.) wird eine alternative Verhaltensweise ins Auge gefasst, die Belohnungscharakter hat. Diese soll dann auch in die Praxis umgesetzt werden. Es ist auch hilfreich, Teenager zum Führen eines Schemamodus-Tagebuchs zu motivieren. In diesem werden Schemamodi-auslösende Situationen – und wie man mit ihnen umging – festgehalten.

3.3 Transfer der erarbeiteten Lösungen in den Praxisalltag

Wesentliches Ziel der schemapädagogischen Bemühungen ist die Förderung der selbst motivierten(!) Emotionskontrolle seitens des Jugendlichen im Alltag. Er soll irgendwann in der Lage sein, einen kostenintensiven Schemamodus im Falle einer Auslösung selbst zu unterdrücken. Der Betreuer unterstützt ihn dabei immer mal wieder, etwa bei Tür-und-Angel-Gesprächen („Mensch, heute hast du dein Aggro-Ich super kontrolliert, ich bin stolz auf dich!"). Insgesamt können beim Konzept Schemapädagogik sieben spezielle kognitive bzw. erlebnisbasierte Methoden zum Einsatz kommen, um aufseiten des „schwierigen" Heranwachsenden die Selbsterkenntnis und Selbstkontrolle zu fördern:

1. **Schemamodus-Gespräch** (DAMM 2010c).
2. **Schemamodus-Memo** (dieses Memo unterstützt das kognitive Training, indem der Zu-Erziehende auf einem Blatt seinen problematischen Schemamodus, eine typische Auslösesituation, die objektive Einschätzung des Geschehens sowie subjektive Lösungsvorschläge festhält).
3. **Schemamodus-Fragebogen** (DAMM 2012a). Mithilfe dieses Fragebogens lernt X seine problematischen Schemamodi kennen; ergänzt wird der Fragebogen durch ein Textblatt, mit dessen Hilfe der Heranwachsende die potenziellen Auswirkungen einer entsprechenden Aktivierung im Praxisalltag konkret fassen, sprich bewusst machen kann.
4. **Schemafragebogen** (DAMM & WERNER 2011). Der Schemafragebogen beinhaltet die im vorliegenden Rahmen relevanten Schemata. Per Selbsteinschätzung zu verschiedenen Aussagen gelingt schrittweise die Identifikation eigener maladaptiver Persönlichkeitsmuster. Der Fragebogen wird im Rahmen von Lehrerfortbildungen eingesetzt und wird ergänzt durch ein Manuskript, das die möglichen Auswirkungen von Schemata im Alltag beschreibt. In Einzelfällen kann der Schemafragebogen auch mit Heranwachsenden ausgefüllt werden, etwa wenn sie die entsprechenden kognitiven Voraussetzungen hierzu mitbringen.
5. **Persönlichkeitsstil-Fragebogen** (DAMM 2012b).
6. **Stühlearbeit** (mithilfe der sogenannten Stühlearbeit wird die Arbeit an den Schemamodi fortgesetzt).
7. **Besinnungstexte** (der Heranwachsende kann sich auch mit einem auf einen bestimmten Schemamodus zugeschnittenen Besinnungstext auseinandersetzen, um Aspekte seiner Persönlichkeit besser kennenzulernen).

3.4 Schemapädagogischer Handwerkskoffer

Der Schemapädagogische Methodenkoffer (DAMM 2013) für das Teenageralter umfasst nach aktuellem Stand folgende Interventionen:

- Das konfrontative Schemamodusgespräch kann im Anschluss an den komplementären Beziehungsaufbau sehr schnell zur Förderung eines Problembewusstseins führen. Thematisiert wird dann etwa der „Aggro-" oder der „Manipulierer-Kevin".
- Mithilfe der Rollentausch-Partnerübung wird aufseiten des Jugendlichen ein Perspektivwechsel erzwungen: Er muss die Rolle der pädagogischen Fachkraft einnehmen, während er vom Erwachsenen schemamodusspezifisch gespiegelt wird.
- Der „Helfende Stuhl" wurde speziell für Teenager mit typischen „Mobbingopfereigenschaften konzipiert (WERNER 2013b); er bietet sich auch in unserem Rahmen an.
- Die konfrontative Biografiebrücke soll den Jugendlichen psychoedukationstechnisch für seinen Wiederholungszwang sensibilisieren.
- Das Psychospiel „Expertenrolle" ermöglicht einen schnellen Beziehungsaufbau.
- Die aktivierende Ressourcenkonfrontation (inkl. Erweiterung um die Schemamodusperspektive) zwingt den Jugendlichen zur Auseinandersetzung mit der Frage: Warum wer-

den die Potenziale/Ressourcen nicht prosozial genutzt (WERNER 2013a)?

- Das empathisch-humorvolle Schemamodusgespräch soll den Teenager für einen problematischen Schemamodus sensibilisieren.
- Der „Heiße Stuhl" (inkl. Erweiterung um die Schemamodusperspektive) ist in der Konfrontativen Pädagogik verortet (KILB et al. 2009); er kann aber auch in unserem Rahmen gewinnbringend sein (Achtung: Nur im Beisein eines Profis durchführen!).
- Das Ein-Personen-Rollenspiel (inkl. Erweiterung um die Schemamodusperspektive) dient der kognitiven Festigung von gemeinsamen Absprachen (SACHSE et al. 2008).
- Die humorvoll-empathische Stühlearbeit sensibilisiert den Teenager wieder für einen bestimmten Schemamodus.
- Das Psychospiel „Füttern zwischen Tür und Angel" ist wieder dem Beziehungsaufbau dienlich.
- Das Modusinterview (Exploration) ist eine psychoedukative Methode.
- Mithilfe des Schemascreenings werden schnell Schemata von Teenagern ermittelt.
- Das Nach-den-fünf-Minuten-Memo zwingt den Jugendlichen zur Auseinandersetzung mit erneuten Ausrastern und „Rückfällen".
- Das Psychospiel „Good Cop – Bad Cop" soll Konflikte und Machtkämpfe entschärfen.
- Die emotionale Verunsicherung (mit Handy) ist eine Methode für den Notfall.
- Das Psychospiel „Öl ins Feuer – bis der Lachanfall kommt" soll aufseiten des Jugendlichen den Modus des Gesunden Erwachsenen fördern.
- Die Besinnungstexte können u.a. bei folgenden Verfehlungen zur Bearbeitung ausgeteilt werden: Aggression/Gewalt, Mobbing, Manipulationen, Arbeitsverweigerung.

1. Konstruktiver Umgang mit herausfordernden Jugendlichen

1.1 Antisozial strukturierte Jugendliche

Personen mit antisozialem Persönlichkeitsstil sind imstande, das ganze Jahr über Probleme in der Gruppe zu verursachen. Das Arsenal an herausfordernden Verhaltensweisen ist riesengroß. Die Jugendlichen haben sehr große Schwierigkeiten, sich an die bestehenden Regeln anzupassen. Darüber hinaus ist dieser Charakter häufig in Schlägereien und Straftaten involviert (Erpressung, Körperverletzung, Nötigung, Raub usw.).

Viele der betreffenden Heranwachsenden sind (auch) im Praxisalltag Erziehung/Bildung „tickende Zeitbomben", d.h. permanent leicht reizbar bzw. unberechenbar (HARE 2005). Nach begangenen moralischen Verfehlungen sind keinerlei reumütige Reaktionen erkennbar. Sie werden auch nicht von einem schlechten Gewissen geplagt.

Dasselbe gilt auch für Empathie und das Verständnis für die Bedürfnisse anderer. Aus schlechten Erfahrungen lernen sie nicht, weshalb sie in der Regel schon mit dem Gesetz in Konflikt geraten oder auf dem besten Weg diesbezüglich sind. Heranwachsende mit dieser Struktur sind nur sehr schwer zu durchschauen, wenn überhaupt. Sie sind in Sachen Manipulation echte Profis. Es geht ihnen häufig um Macht und Unterdrückung, d.h. um die Errichtung und Behauptung einer Führungsposition. Die Fachkraft muss im Umgang mit den betreffenden Heranwachsenden sehr vorsichtig sein.

Schon etwa ein witzig gemeinter Satz zur falschen Zeit kann eine höchst unangenehme Situation auslösen, in der sehr nachteilige Schemamodi die Kommunikation diktieren. Trotz der in diesem Falle doch sehr problematischen Auffälligkeiten muss man sich als Betreuer bewusst machen, dass der Betreffende meistens erst durch bestimmte Erfahrungen in der frühen Kindheit diesen Persönlichkeitszug ausgeprägt hat. Häufig spielten eine Rolle: ein unterdrückender Erziehungsstil, traumatische Erfahrungen, ein desorientierter Bindungsstil (BOWLBY 1982), Missbrauch, antisoziale Vorbilder aus dem Kreise der engsten Bezugspersonen usw. (STOUT 2006).

Abbildung 1: Der antisoziale Persönlichkeitsstil

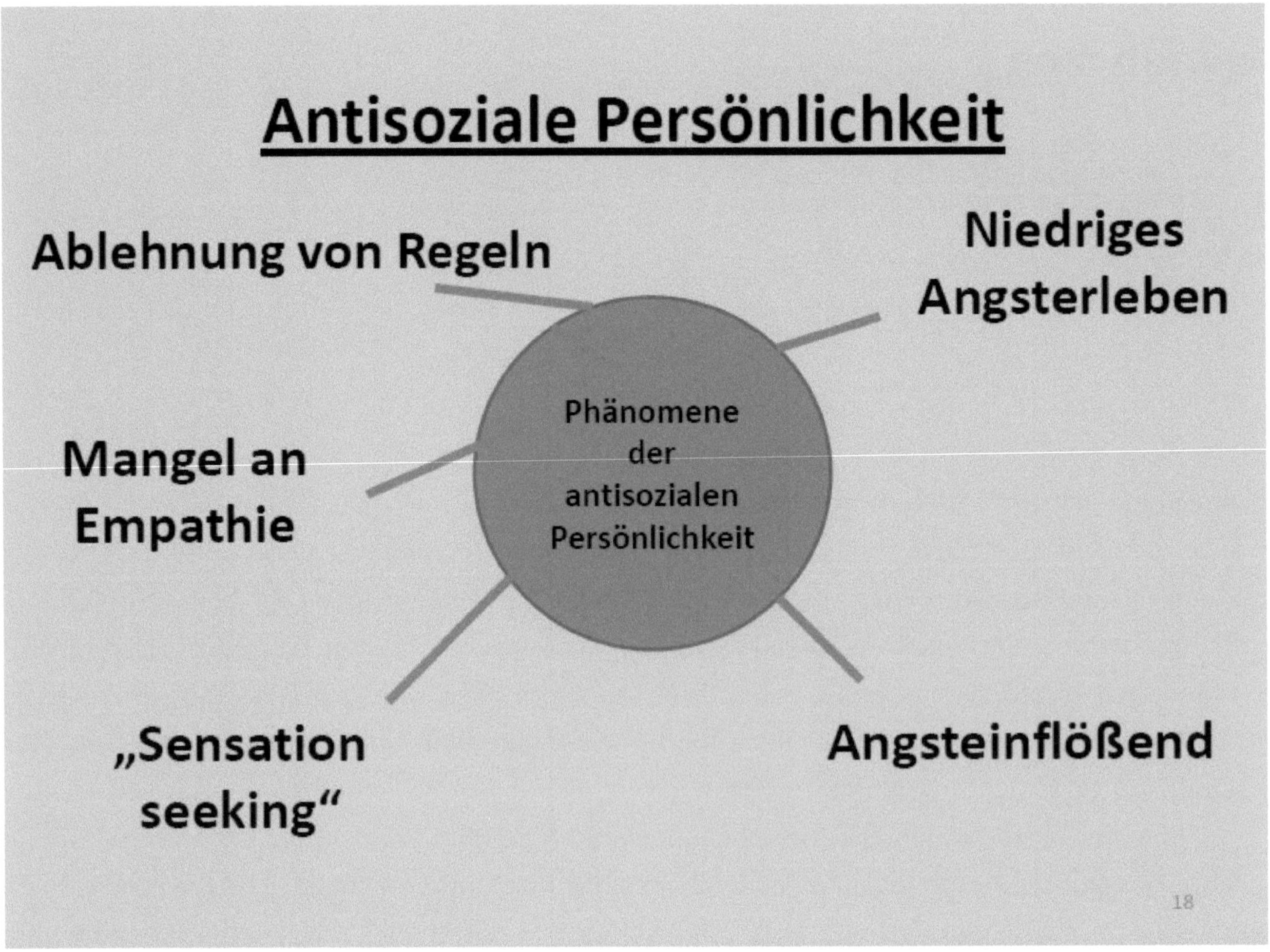

Tipps zum Beziehungsaufbau

Strategie	Beispiel	Positive Wirkung	Potenzielle Nebenwirkung
Das Bedürfnis nach Selbstwerterhöhung befriedigen	„Wenn du willst, kannst du andere ganz schön einschüchtern, stimmt's?"	Aufbau von Beziehungskredit	Stabilisierung des innerpsychischen Systems
Expertenrolle übertragen	„Weißt du, wie ich legal im Internet an gute Filme komme?"	Auslösung des Modus Selbsterhöher bzw. Glückliches Kind; Aufbau von Beziehungskredit	Auslösung eines Psychospiels zulasten des Erziehers (Titel: „Sie sind ja von vorgestern!" (im Fall von wenig Beziehungskredit)
„Wie-Technik"	„*Wie* hast du es geschafft, gestern gut mitzuarbeiten und nicht zu stören?!"	Der Jugendliche setzt sich konstruktiv mit seinen Ressourcen auseinander	Verweigerung der Mitarbeit (falls wenig Beziehungskredit existent)

Auf das Bedürfnis nach Macht konfrontativ eingehen	„Als du X gedroht hast, hat dein Aggro-Volkan das genossen, oder wie siehst du das?!"	Förderung der Selbsterkenntnis in Hinsicht auf einen problematischen Schemamodus	Auslösung eines Psychospiels („Ich weiß gar nicht, wovon Sie sprechen!")
Spiegeln (selektiv eigene innerpsychische Parallelen aufzeigen)	„Ich bin nicht als Betreuer auf die Welt gekommen und habe auch so meine Leichen im Keller!"	Der andere sieht sich selbst ein Stück weit in der Fachkraft und empfindet eine gewisse „Vertrautheit"	Der Betreffende verweigert sich
„Wenn-dann-Technik" (konfrontativ)	„WENN DIR EGAL WÄRE, WIE ES X JETZT GEHT, DANN WÄRST DU EIN GANZ MIESER TYP, aber dir war wahrscheinlich nicht klar, dass..."	Betroffenheit – der Interaktionspartner setzt sich mit seiner moralischen Verfehlung auseinander	Der andere blockt ab

1.1.1 Fragebogen

... zu meinem Selbstbestimmer-Ich

Schätze dich zu folgenden Aussagen ein, und zwar auf einer Skala von 0-3!	**0 = trifft überhaupt nicht zu** **1 = trifft manchmal zu** **2 = trifft häufig zu** **3 = trifft voll und ganz zu**			
Ich fühle mich meinen Gruppenmitgliedern gegenüber überlegen	**0**	**1**	**2**	**3**
Ich habe oft Konflikte mit anderen	**0**	**1**	**2**	**3**
Ich bestimme alleine, ob ich hier Bock habe oder nicht	**0**	**1**	**2**	**3**
Ich disse manchmal andere, wenn mir langweilig ist	**0**	**1**	**2**	**3**
Ich kann meine Mitmenschen ganz locker einschüchtern, wenn ich will	**0**	**1**	**2**	**3**
Ich flippe manchmal aus, dann sehe ich nur noch rot	**0**	**1**	**2**	**3**
Ich denke im Alltag in erster Linie an mich	**0**	**1**	**2**	**3**
Ich nehme mir, was ich will	**0**	**1**	**2**	**3**

1.1.2 Stühlearbeit

Name des Teenagers: ______________________

Aufgabe 1: Schreibe unter die Zeichnung rechts die Bezeichnung deines schwierigsten Ichs (etwa: Selbstbestimmer-Ich). Schließe jetzt die Augen und versetze dich in dein schwierigstes Ich. Stelle dir hierzu eine Situation vor, die dein schwierigstes Ich meistens aktiviert.

Aufgabe 2: Spiele deinem Nachbarn (ansatzweise) deinen problematischsten Ich-Anteil vor. Du übernimmst die Rolle deines Ich-Zustands, sobald du dich auf einen leeren Stuhl setzt. Spiele deine Rolle einige Momente, sobald du dich vom Stuhl erhebst, bist du wieder im „Erwachsenen-Ich". Dein Nachbar soll dir dann beschreiben, wie er dich wahrgenommen hat (Mimik, Gestik, Körpersprache, Vokabular).

Aufgabe 3: Beschreibe deinem Nachbarn deine Empfindungen, die beim Vorspielen ausgelöst wurden.

Aufgabe 4: Überlege dir mit deinem Nachbarn Strategien, die dir in Zukunft dabei helfen sollen, dich im Alltag zu kontrollieren.

1.1.3 Textblatt

„Selbstbestimmer- ________________ (Vornamen einfügen)“

Ich habe eine starke Seite in mir, die ich mal mehr, mal weniger gut im Griff habe. Wenn mein Selbstbestimmer-Ich in bestimmten Situationen angeschaltet wird, legt sich gewissermaßen ein Schalter in meinem Kopf um. Dann denke ich immer was Negatives („Der will Streit mit mir!“, „Die reden schlecht über mich!“ usw.); auch meine Gefühle sind dann immer sehr negativ.

Mein Körper steht dann auch immer unter Stress! Ich denke dann logischerweise, dass die anderen/der andere daran schuld sind/ist. Wenn mein Selbstbestimmer-Ich aktiviert wird, muss ich mich aus meiner Perspektive massiv „verteidigen“. Oder ich greife andere an, weil ich denke, ich muss mich wehren. Manchmal schieße ich dann über das Ziel hinaus.

Eigentlich weiß ich, dass mein Selbstbestimmer-Ich entsprechend oft Fehler macht, mich zu massiven Angriffen hinreißt. Oft wird es auch einfach nur mal so aktiviert, wenn ich Frust schiebe. Dann braucht es nicht viel, dass ich von jetzt auf gleich an die Decke gehe, und der andere hat dann eben Pech. Eigentlich übertrieben, nicht gut, nicht nett, nicht moralisch.

Doch so objektiv wie jetzt sehe ich das Ganze erst dann ein, wenn ich gut drauf bin oder wenn ich emotional runterkomme, das heißt: wenn meine typischen „fünf Minuten", meine ganz „privaten Filme", in denen ich als Regisseur den anderen ganz bestimmte Rollen überstülpe, vorbei sind (Ich = Täter – Du = Opfer). Oder anders gesagt: Wenn mein normales Ich angeschaltet ist. Natürlich habe ich auch ein normales Ich, mit dem man reden kann, das nett ist usw. Mein Selbstbestimmer-Ich wird z.B. ausgelöst, wenn ...

... ich denke, dass andere schlecht über mich reden
... mich jemand „blöd" anguckt
... ich einfach nur schlecht drauf bin
... sich andere gut verstehen
... ________________________ (bekannte Situation benennen!)
... ________________________ (bekannte Situation benennen!)

Nun zu den Ursachen. Sind sie mir völlig bewusst? Nun, mal mehr, mal weniger. Ursachen können sein:

- **Häufige Konflikte im sozialen Umfeld!**
- **________________________ (bekannte Ursache benennen!)**
- **________________________ (bekannte Ursache benennen!)**

Fazit: Mein Selbstbestimmer-Ich gehört zu mir. Die anderen drücken manchmal ohne Absicht auf meinen „roten Knopf" im Kopf. Dann kommt mein Selbstbestimmer-Ich raus. Aber die anderen sind nicht daran schuld, dass ich überhaupt ein sehr selbstbestimmendes Ich habe.

Meine Mitmenschen haben vielleicht ganz andere „Iche" in sich. Daher ist es meine Angelegenheit, dieses Ich zu kontrollieren. Denn eigentlich, und das darf ich mir ruhig auch bewusst machen, mache ich meine (früheren) Erfahrungen, die wahrscheinlich erst zur Ausprägung meines arroganten Ichs geführt haben, im Falle einer Aktivierung zu aktuellen Problemen meiner Gesprächspartner. Das heißt, ICH!!! projiziere vergangene Beziehungsmuster und Lebensthemen in die Gegenwart, in den Alltag. Das kann zukünftig zu Problemen führen!

1.1.4 Besinnungstext

Besinnungstext – Selbstbestimmer-Ich (Aggressives Ich)

Name des Teenagers: ________________________

Wer bin ich: und wenn ja: wie viele?

Ich denke von mir selbst: „Ich bin ich!" Ich habe Stärken, ich habe Schwächen. Und trotzdem bin ich immer noch ICH SELBST. Punkt.

Nun, das stimmt nicht ganz. Jeder Mensch hat viele Gesichter, Seiten, „Iche". Morgens zeige ich ein anderes Ich als abends. Meinen Eltern und Betreuern gegenüber zeige ich manchmal ein anderes Ich, als meinen Freunden gegenüber. Wenn ich zum Beispiel schlecht drauf bin, spricht mein schlecht gelauntes Ich; dann muss man mich lieber in Ruhe lassen.

Wenn ich mit meinen Freunden Spaß habe, zeigt sich mein freundliches Ich. Ich bin dann nett zu meinen Freunden.

Und wenn ich frustriert bin oder Bock drauf habe, zeige ich meistens mein aggressives Ich. Ich weiß eigentlich nicht, wann genau mein aggressives Ich angeschaltet ist.

Hier bringt mich NUR mein NORMALES ICH weiter. Wenn mein NORMALES ICH angeschaltet ist,

- **komme ich pünktlich,**
- **arbeite ich mit,**
- **lerne ich für Leistungsfeststellungen,**
- **will ich den erfolgreichen Abschluss,**
- **störe ich die Zusammenarbeit nicht,**
- **bin ich nett zu anderen,**
- **behandele ich die Erzieherin/den Erzieher respektvoll.**

Aber auch im Alltag zeige ich nicht immer dasselbe (normale) ICH. Wenn ich gestresst bin, Probleme oder Frust habe, Krawall will, zeigt sich plötzlich ein BÖSES ICH. Wenn mein BÖSES ICH rauskommt, habe ich meine „fünf Minuten", „fahre meinen Film". Dann kann mich keiner mehr runterbringen.

Heute zeigte ich mein AGGRO-ICH. Daher ist Folgendes passiert (Zutreffendes bitte ankreuzen):

O Ich habe ein Gruppenmitglied mit körperlicher Gewalt bedroht
O Ich habe meine Betreuerin/meinen Betreuer bedroht
O Ich habe jemanden weh getan
O Ich habe jemanden beleidigt
O Ich habe die Familie von jemandem beleidigt
O Ich habe____
O Ich habe____

Ich habe eigentlich das gemacht, was mein AGGRO-ICH bisher meistens gemacht hat. Jetzt und hier – nach meinen „Spielchen" – ist wieder mein NORMALES ICH „angeschaltet", denn ich bin wieder „runtergekommen". Erst jetzt verstehe ich, was mein AGGRO-ICH vorhin getan hat. Ein bisschen sehe ich ein, dass ich vielleicht übertrieben habe, fies war usw. Ich verstehe jetzt auch, welche kurzfristigen und langfristigen Vor- und Nachteile mir mein AGGRO-ICH bringt. Jetzt kann ich mir Gedanken darüber machen.

Aufgabe: Fülle folgende Tabelle zu deinem AGGRO-ICH aus. Welche kurz- und langfristigen Vor- und Nachteile hat dieses Ich?

	Vorteile	Nachteile
Kurzfristig		
Langfristig		

Jetzt wird mir klar, dass mein AGGRO-ICH im Alltag Probleme macht. Wenn es angeschaltet wird, trifft es jemanden, der sich als „Opfer" eignet. Derjenige ist aber NICHT dafür verantwortlich, dass ich jetzt diese Aufgabe erledigen muss.

Nur mein AGGRO-ICH ist dafür verantwortlich! Wenn es nicht diese Person (oder dieser Erzieher) wäre, würde sich mein AGGRO-ICH ein anderes OPFER suchen. Das Problem liegt in MEINEM AGGRO-Ich, nicht beim anderen.

Aufgabe: Beantworte folgende Fragen zu deinem AGGRO-ICH.

Seit wann habe ich mein AGGRO-ICH? Was hat es mir bisher für Vorteile gebracht?

Welche „typische" Situation löst derzeit mein AGGRO-ICH aus?

Was passiert dann in mir und mit mir? (Gefühle, Gedanken, Verhaltenstendenzen, Körperreaktionen)

Wo liegt das eigentliche Problem an dem Konflikt und warum?

Was kann ich tun, damit das nächste Mal nicht mein AGGRO-ICH rauskommt? („Was will ich in Zukunft in einer solchen Situation tun?")

Aufgabe: Gebe dir selbst eine Hausaufgabe auf, die dir dabei hilft, dein AGGRO-ICH besser zu kontrollieren.
Beschreibung meiner Hausaufgabe (etwa: Die nächsten drei Wochen mein AGGRO-ICH unterdrücken).

Diese Probleme können bei meiner Hausaufgabe vielleicht auftreten...

Ich möchte diese Probleme folgendermaßen lösen...

Folgendes möchte ich tun, damit mein GLÜCKLICHES ICH öfter angeschaltet wird...

1.2 Narzisstisch strukturierte Jugendliche

Narzisstisch strukturierte Personen wollen grundsätzlich von anderen anerkannt und wertgeschätzt werden. Weitere Bedürfnisse können nach den Erkenntnissen von SACHSE (2004) Wichtigkeit und Solidarität der eigenen Person gegenüber sein. Die eigenen Fähigkeiten werden gewöhnlich maßlos überschätzt. Betreffende haben sogenannte Omnipotenzvorstellungen á la „Eigentlich könnte ich, wenn ich nur wollte, *alles* machen" (KOHUT 1971).

Trotz ihrer Überheblichkeit sind Narzissten aber auch gleichzeitig abhängig von der Bereitschaft ihrer Bewunderer, Anerkennung zu suggerieren. Bleibt der Beifall der Menge aus, werden negative Schemata aktiviert. Infolgedessen können abrupt verdrängte negative Selbstzuschreibungen, die immer vorliegen, aufkommen („Ich bin ein Verlierer!"). Nach außen hin erscheinen betreffende Heranwachsende selbstbewusst und stark zu sein, im Inneren hingegen gibt es viele wunde Punkte. Daher reagiert man auch so heftig auf Kritik (KERNBERG 2006).

Eine weitere Charakteristik ist die ausgeprägte Selbstdarstellung in Gesprächen. Sie verlagern die Inhalte auf ihre Person und geben ab einem bestimmten Punkt nur noch Interviews, wenn man ihnen den Raum dafür gibt.

Überhaupt, so können wir festhalten, liegt der Schwerpunkt der Kommunikation dieser Charaktere meistens auf der *Selbstoffenbarungsseite*. Die eigentliche Message auf der Beziehungsebene lautet: „Sieh her, wie toll ich bin; du kannst mich bewundern oder mit mir konkurrieren – nichts anderes ist möglich!"

SCHULZ VON THUN (2001, 154) verweist noch auf weitere Variationen des „Sieh her!", nämlich: „Sieh her,

- wie ich doch gelehrsam reden kann,
- was ich alles geschafft habe, was ich alles mein eigen nenne,
- wo ich überall als wichtige Person gefragt bin,
- wo ich überall maßgeblich mitmische,
- worüber ich alles Bescheid weiß und kluge Ausführungen machen kann."

In Bezug auf Freundschaften sind narzisstische Heranwachsende manipulativ und ausbeuterisch. Sie beurteilen andere nach ihrem äußeren Erscheinungsbild und vor allem danach, ob sie einem nützlich sind. Ein Beispiel dafür ist etwa eine attraktive narzisstische junge Frau, die mit einer durchschnittlich aussehenden „Freundin" unterwegs ist, um sich von ihr äußerlich positiv abzuheben.

Dadurch macht Erstere noch mehr Eindruck auf die Männerwelt, was insgeheim beabsichtigt ist. Auch bei der Wahl von intimen Freundschaften zeigen sich egoistische Motive. So sucht man häufig anpassungsfähige, altruistische (aufopferungsvolle) Gleichaltrige. Kurz gesagt solche, die dem charakterlichen Gegenpol entsprechen. Der Vorteil eines solchen Komplementärnarzissten liegt vor allem darin, dass er den anderen gewöhnlich idealisiert.

Abbildung 2: Die narzisstische Persönlichkeit

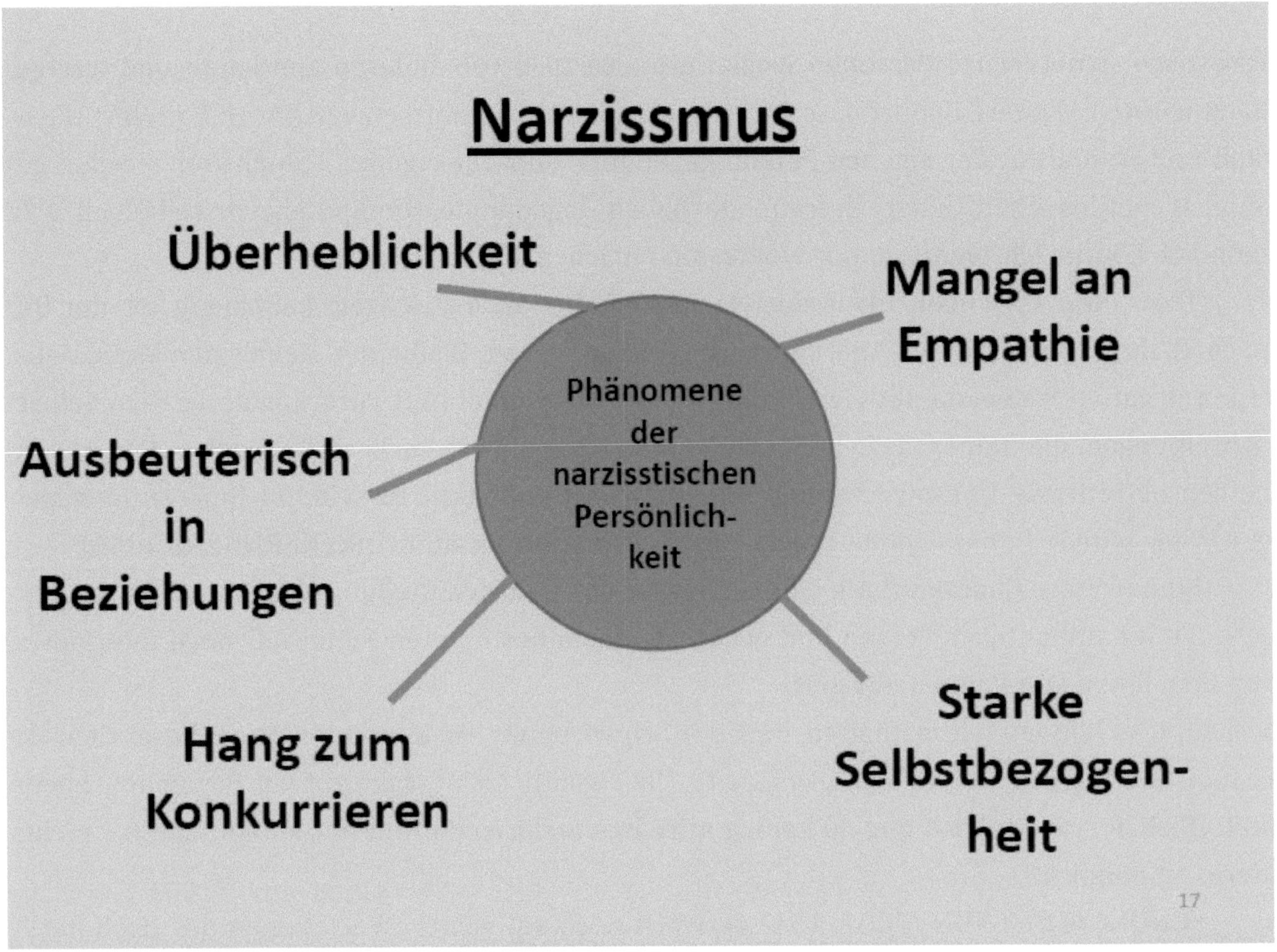

Tipps zum Beziehungsaufbau

Strategie	Beispiel	Positive Wirkung	Potenzielle Nebenwirkung
Auf das Bedürfnis nach Selbstwerterhöhung im Arbeitsalltag eingehen	„Mensch, das war ne gute Antwort! Respekt!"	Aufbau von Beziehungskredit	Möglicherweise Abwehr (Unklarheit auf der Beziehungsebene): „Haben Sie überhaupt die Fachkenntnis, um mir recht zu geben?"
Auf das Bedürfnis nach Selbstwerterhöhung außerhalb des Praxisalltags eingehen	„Mahlzeit! Du hast vorhin erzählt, du machst in der Freizeit Musik. Erzähl mal was darüber, ich bin Schlagzeuger!"	Auslösung des Modus Selbsterhöher bzw. Glückliches Kind; Aufbau von Beziehungskredit	Die Fachkraft wird im Falle mangelhafter Authentizität als „Schleimer" wahrgenommen

1.1.1 Fragebogen

... zu meinem **Selbsterhöher-Ich**

Schätze dich zu folgenden Aussagen ein, und zwar auf einer Skala von 0-3!	**0 = trifft überhaupt nicht zu** **1 = trifft manchmal zu** **2 = trifft häufig zu** **3 = trifft voll und ganz zu**			
Ich werde schnell ärgerlich, wenn es nicht so läuft, wie ich will	**0**	**1**	**2**	**3**
Ich bin besonders, für mich gelten nicht die Regeln, die für andere gelten	**0**	**1**	**2**	**3**
Ich weiß mehr als die meisten	**0**	**1**	**2**	**3**
Ich hasse es, wenn ich mich unterordnen oder Anweisungen befolgen soll	**0**	**1**	**2**	**3**
Ich biete meiner Umwelt viel mehr als andere	**0**	**1**	**2**	**3**
Meine Freunde und Bekannte wissen, dass ich was Besonderes bin	**0**	**1**	**2**	**3**
Ich habe eine gewisse Sonderbehandlung verdient	**0**	**1**	**2**	**3**
Ich kann viel mehr als die meisten anderen	**0**	**1**	**2**	**3**

1.2.2 Stühlearbeit

Name des Jugendlichen: ____________________

Aufgabe 1: Schreibe unter die Zeichnung rechts die Bezeichnung deines schwierigsten Ichs. Schließe die Augen und versetze dich in dein schwierigstes Ich (etwa: Selbsterhöher-Ich). Stelle dir hierzu eine Situation vor, die dein schwierigstes Ich meistens aktiviert.

Aufgabe 2: Spiele deinem Nachbarn (ansatzweise) deinen problematischsten Ich-Anteil vor. Du übernimmst die Rolle deines Ich-Zustands, sobald du dich auf einen leeren Stuhl setzt. Spiele deine Rolle einige Momente, sobald du dich vom Stuhl erhebst, bist du wieder im „Erwachsenen-Ich". Dein Nachbar soll dir dann beschreiben, wie er dich wahrgenommen hat (Mimik, Gestik, Körpersprache, Vokabular).

Aufgabe 3: Beschreibe deinem Nachbarn deine Empfindungen, die beim Vorspielen ausgelöst wurden.

Aufgabe 4: Überlege dir mit deinem Nachbarn Strategien, die dir in Zukunft dabei helfen sollen, dich im Alltag zu kontrollieren.

1.2.3 Textblatt

„Selbsterhöherin/er – ________________(Vornamen einfügen)"

Ich habe eine ziemlich arrogante Seite in mir, die ich mal mehr, mal weniger gut im Griff habe. Wenn mein Selbsterhöher-Ich in bestimmten Situationen angeschaltet wird, legt sich gewissermaßen ein Schalter in meinem Kopf um. Dann denke ich immer an dasselbe („Ich muss meinen Gesprächspartner übertrumpfen!", „Den muss ich jetzt besiegen!" usw.); auch meine Gefühle sind dann immer sehr negativ. Mein Körper steht auch immer unter Stress!

Ich denke dann logischerweise, dass die anderen/der andere daran schuld sind/ist. Wenn ich schließlich „gewonnen" habe, geht's mir besser. Eigentlich weiß ich, dass mein arrogantes Ich entsprechend oft Fehler macht, mich zu massiven Angriffen hinreißt. Im Nachhinein tut mir das dann leid. Oft wird mein arrogantes Ich auch einfach nur mal so aktiviert, wenn ich Frust schiebe.

Dann braucht es nicht viel, dass ich von jetzt auf gleich meine Psychospielchen spiele, und der andere hat dann eben Pech. Eigentlich übertrieben, nicht gut, nicht nett, nicht moralisch.

Doch so objektiv wie jetzt sehe ich das Ganze erst dann ein, wenn ich gut drauf bin oder wenn ich emotional runterkomme, das heißt: wenn meine typischen „fünf Minuten", meine ganz „privaten Filme", in denen ich als Regisseur den anderen ganz bestimmte Rollen überstülpe, vorbei sind (Ich = „Der Gewinner" – Du = „Der Verlierer").

Oder anders gesagt: Wenn mein normales Ich angeschaltet ist. Mein arrogantes Ich wird z.B. ausgelöst, wenn...

... ich denke, dass der andere doof ist
... ich jemanden nicht leiden kann
... ich einfach nur schlecht drauf bin
... mich jemand herausfordert
... ____________________________ (bekannte Situation benennen!)
... ____________________________ (bekannte Situation benennen!)
... ____________________________ (bekannte Situation benennen!)

Nun zu den Ursachen. Sind sie mir völlig bewusst? Nun, mal mehr, mal weniger. Ursachen können sein:

- **Häufige Konflikte im sozialen Umfeld!**
- **____________________________ (bekannte Ursache benennen!)**
- **____________________________ (bekannte Ursache benennen!)**

Fazit: Mein Selbsterhöher-Ich gehört zu mir. Die anderen drücken manchmal ohne Absicht auf meinen „roten Knopf" im Kopf. Dann kommt mein arrogantes Ich raus. Aber die anderen sind nicht daran schuld, dass ich überhaupt ein sehr arrogantes Ich habe. Meine Mitmenschen haben vielleicht ganz andere „Iche" in sich. Daher ist es meine Angelegenheit, dieses Ich zu kontrollieren.

Denn eigentlich, und das darf ich mir ruhig auch bewusst machen, mache ich meine (früheren) Erfahrungen, die wahrscheinlich erst zur Ausprägung meines arroganten Ich geführt haben, im Falle einer Aktivierung zu aktuellen Problemen meiner Gesprächspartner.

Das heißt, ICH!!! projiziere vergangene Beziehungsmuster und Lebensthemen in die Gegenwart, in den Praxisalltag, in den Gruppenraum. Das kann zukünftig zu Problemen führen. Ich mache mir daher bewusst: Im Alltag muss es mir um die Selbstkontrolle gehen.

1.2.4 Besinnungstext

Besinnungstext – Mitmenschen fertigmachen

Name des Jugendlichen: ______________________

Wer bin ich: und wenn ja: wie viele?

Ich denke von mir selbst: „Ich bin ich!“ Ich habe Stärken, ich habe Schwächen. Und trotzdem bin ich immer noch ICH SELBST. Punkt.

Nun, das stimmt nicht ganz. Jeder Mensch hat viele Gesichter, Seiten, „Iche“. Morgens zeige ich ein anderes Ich als abends. Meinen Eltern und Betreuern gegenüber zeige ich manchmal ein anderes Ich, als meinen Freunden gegenüber. Wenn ich zum Beispiel schlecht drauf bin, spricht mein schlecht gelauntes Ich; dann muss man mich lieber in Ruhe lassen.

Wenn ich mit meinen Freunden Spaß habe, zeigt sich mein freundliches Ich. Ich bin dann nett zu meinen Freunden.

Und wenn ich frustriert bin, zeige ich meistens mein SELBSTERHÖHER-ICH. Ich weiß eigentlich nicht, wann genau mein aggressives Ich angeschaltet ist.
Hier bringt mich jedoch NUR mein NORMALES ICH weiter.

Wenn mein NORMALES ICH angeschaltet ist,

- **komme ICH pünktlich,**
- **arbeite ICH im mit,**
- **lerne ICH für Leistungsfeststellungen,**
- **will ICH den erfolgreichen Abschluss,**
- **störe ICH das Zusammenleben nicht,**
- **bin ICH nett zu anderen,**
- **behandele ICH die Erzieherin/den Erzieher respektvoll.**

Aber auch im Alltag zeige ich nicht immer dasselbe (normale) ICH. Wenn ich gestresst bin, Probleme oder Frust habe, zeigt sich plötzlich ein SELBSTERHÖHER-ICH. Wenn mein SELBSTERHÖHER-ICH rauskommt, habe ich meine „fünf Minuten“, „fahre meinen Film“. Dann kann mich keiner mehr runterbringen.

Heute zeigte ich mein SELBSTERHÖHER-ICH. Daher ist Folgendes passiert (Zutreffendes bitte ankreuzen):

O Ich habe ein Gruppenmitglied fertig gemacht
O Ich habe meine Betreuerin/meinen Betreuer fertig gemacht
O Ich habe ein Gruppenmitglied zum Heulen gebracht
O Ich habe aus Langeweile eine heftige Diskussion vom Zaun gebrochen und damit den Arbeitsablauf gestört
O Ich habe zu einem anderen gesagt, er sei „saudumm“
O Ich habe____
O Ich habe____

Ich habe eigentlich das gemacht, was mein SELBSTERHÖHER-ICH bisher meistens gemacht hat.

Jetzt und hier – nach meinen „Spielchen“ – ist wieder mein NORMALES ICH „angeschaltet“, denn ich bin wieder „runtergekommen“. Erst jetzt verstehe ich, was mein SELBSTERHÖHER-ICH vorhin getan hat. Ein bisschen sehe ich jetzt ein, dass ich vielleicht übertrieben habe, fies war usw. Ich verstehe jetzt auch, welche kurzfristigen und langfristigen Vor- und Nachteile mir mein SELBSTERHÖHER-ICH bringt. Jetzt erst kann ich mir Gedanken darüber machen.

Aufgabe: Fülle folgende Tabelle zu deinem SELBSTERHÖHER-ICH aus. Welche kurz- und langfristigen Vor- und Nachteile hat dieses Ich?

	Vorteile	Nachteile
Kurzfristig		
Langfristig		

Jetzt wird mir klar, dass mein SELBSTERHÖHER-ICH im Alltag Probleme macht. Wenn es angeschaltet wird, trifft es jemanden, der sich als „Opfer“ eignet. Derjenige ist aber NICHT dafür verantwortlich, dass ich jetzt diese Aufgabe erledigen muss.

Nur mein SELBSTERHÖHER-ICH ist dafür verantwortlich! Wenn es nicht diese Person wäre, würde sich mein SELBSTERHÖHER-ICH ein anderes OPFER suchen. Das Problem liegt in MEINEM SELBSTERHÖHER-ICH, nicht beim anderen.

Aufgabe: Beantworte folgende Fragen zu deinem SELBSTERHÖHER-ICH.

Seit wann habe ich mein SELBSTERHÖHER-ICH? Was hat es mir bisher für Vorteile gebracht?

Welche „typische" Situation löst derzeit mein SELBSTERHÖHER-ICH aus?

Was passiert dann in mir und mit mir? (Gefühle, Gedanken, Verhaltenstendenzen, Körperreaktionen)

Wo liegt das eigentliche Problem an dem Konflikt und warum?

Was kann ich tun, damit das nächste Mal nicht mein SELBSTERHÖHER-ICH rauskommt? („Was will ich in Zukunft in einer solchen Situation tun?")

Aufgabe: Gebe dir selbst eine Hausaufgabe auf, die dir dabei hilft, dein SELBSTERHÖHER-ICH besser zu kontrollieren.
Beschreibung meiner Hausaufgabe (etwa: Die nächsten drei Wochen mein SELBSTERHÖHER-ICH unterdrücken).

Diese Probleme können bei meiner Hausaufgabe vielleicht auftreten...

Ich möchte diese Probleme folgendermaßen lösen...

Folgendes möchte ich tun, damit mein GLÜCKLICHES ICH häufiger angeschaltet wird...

1.3 Borderline-strukturierte Jugendliche

Was macht das Borderline-Syndrom aus? Die Betroffenen (meistens Mädchen bzw. junge Frauen) erleben in so gut wie allen Beziehungen, die sie unterhalten, Konflikte. Sie haben vor dem Hintergrund der Schemapädagogik überdurchschnittlich viele maladaptive Schemata und Schemamodi ausgeprägt (siehe unten).

Dafür verantwortlich sind meistens schwierige soziale Verhältnisse in der Kindheit und Jugend. Häufig findet sich in der Biografie von Jugendlichen mit Borderline eine familiäre Umgebung, die unsicher und instabil war (YOUNG et al. 2008). Oder aber die Familienmitglieder offenbarten aus Sicht der Heranwachsenden zu wenig Interesse. Es gab eventuell auch harte Bestrafungen bei Verfehlungen, und die Betreffenden mussten sich unterordnen.

Heranwachsende mit dem Borderline-Syndrom sind emotional instabil und temporär sehr leicht reizbar. Es kann sein, dass eine einzige lapidare Bemerkung vonseiten der Fachkraft ausreicht, um bei Teenagern extrem aufreibende Kommunikationsmuster auszulösen (TRESS et al. 2002). Die oftmals nur rudimentär vorhandene Frustrationstoleranz kann dafür verantwortlich sein, dass auf jeden, noch so belanglosen Bedürfnisaufschub („Leute, die Klassenarbeit kann ich erst nächste Woche rausgeben!") aus heiterem Himmel erboste Reaktionen folgen („Och Mann, DAS GIBT'S DOCH NICHT! Sind Sie faul!").

Es mag viele Fachkräfte geben, die auf eine solche Schemamodus-Aktivierung (*Wütendes Kind*) „anspringen" und sich in unnötige Endlosdiskussionen verwickeln lassen.
Hinzu kommt, wie oben schon erwähnt, das typische selbstverletzende Verhalten in depressiven Phasen. Die Mädchen wirken dann im Alltag plötzlich in sich gekehrt, still, aber auch irgendwie traurig.

In solchen Momenten sollte der Erzieher behutsam Kontakt zu der Jugendlichen aufbauen. Es kann sein, dass sie gerade eine Episode der Selbstverletzung erlebt, die einhergehen kann mit Substanzmittelmissbrauch oder Ritzen.

Hat der Pädagoge vorher ausreichend Beziehungskredit aufgebaut, so kommt er bei einem persönlichen Gespräch mit ein bisschen Fingerspitzengefühl schnell in Kontakt mit dem Modus *Verletzbares Kind.* Das soll auch so sein. Dann sollte er tröstend und aufbauend auftreten (Prinzip der Nachbeelterung).

Über das Thema Psychotherapie, das oft relevant ist, kann man dann gemeinsam erfahrungsgemäß gewinnbringend sprechen („Sie wissen es vielleicht, ich war mal in Therapie!") und Absprachen treffen („Okay, du rufst heute Mittag wieder deine Therapeutin an, versprich es mir!").

Abbildung 3: Die Borderline-Persönlichkeit

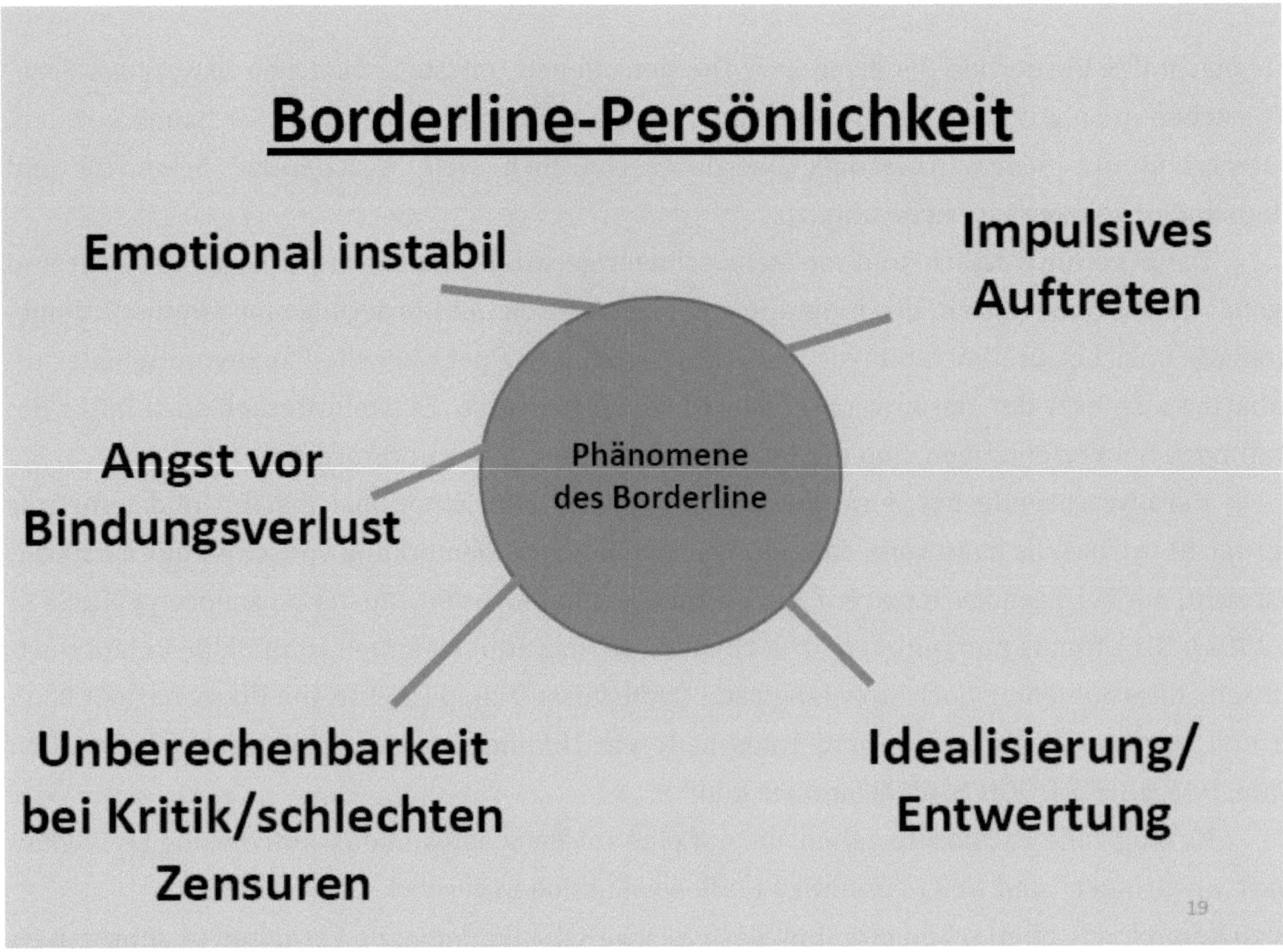

Tipps zum Beziehungsaufbau

Strategie	Beispiel	Positive Wirkung	Potenzielle Nebenwirkung
Das Bedürfnis nach Bindung befriedigen 1	„Ja, du kannst meine E-Mail haben!“	Aufbau von Beziehungskredit	Die Fachkraft wird mit großer Erwartung angeschrieben
Das Bedürfnis nach Bindung befriedigen 2	„Natürlich kann ich dich gut leiden, was für eine Frage!“	dito	Die restliche Gruppe entwickelt Neid aufgrund von zu vielen informellen Unterhaltungen im Praxisalltag
Aktiv zuhören	„Gerne kannst du später mit mir über dein aktuelles Problem sprechen!“	Sehr schneller Aufbau von Beziehungskredit	Die Beziehung wird zu eng

1.3.1 Fragebogen

...zu meinem misstrauischen Ich

Schätze dich zu folgenden Aussagen ein, und zwar auf einer Skala von 0-3!	**0 = trifft überhaupt nicht zu 1 = trifft manchmal zu 2 = trifft häufig zu 3 = trifft voll und ganz zu**			
Ich empfinde mich manchmal als sehr schlecht und böse	**0**	**1**	**2**	**3**
Ich lasse meinen Frust hin und wieder an mir selbst und anderen heraus	**0**	**1**	**2**	**3**
Ich erlebe Gefühle meistens sehr extrem	**0**	**1**	**2**	**3**
Ich liebe und ich hasse – dazwischen gibt es meistens nichts	**0**	**1**	**2**	**3**
Ich verletze oft andere, damit sie mir nicht wehtun	**0**	**1**	**2**	**3**
Ich teste andere, ob sie mich mögen oder hassen	**0**	**1**	**2**	**3**
Ich denke oft, dass andere mich ausnutzen	**0**	**1**	**2**	**3**

1.3.2 Stühlearbeit

Name des Teenagers: ___________________________

Aufgabe 1: Schreibe unter die Zeichnung rechts die Bezeichnung deines schwierigsten Ichs. Schließe die Augen und versetze dich in dein schwierigstes Ich (etwa: Misstrauisches Ich). Stelle dir hierzu eine Situation vor, die dein schwierigstes Ich meistens aktiviert.

Aufgabe 2: Spiele deinem Nachbarn (ansatzweise) deinen problematischsten Ich-Anteil vor. Du übernimmst die Rolle deines Ich-Zustands, sobald du dich auf einen leeren Stuhl setzt. Spiele deine Rolle einige Momente, sobald du dich vom Stuhl erhebst, bist du wieder im „Erwachsenen-Ich". Dein Nachbar soll dir dann beschreiben, wie er dich wahrgenommen hat (Mimik, Gestik, Körpersprache, Vokabular).

Aufgabe 3: Beschreibe deinem Nachbarn deine Empfindungen, die beim Vorspielen ausgelöst wurden.

Aufgabe 4: Überlege dir mit deinem Nachbarn Strategien, die dir in Zukunft dabei helfen sollen, dich im Alltag zu kontrollieren.

1.3.3 Textblatt

„Misstrauische/r– _______________ (Vornamen einfügen)"

Ich habe eine zutiefst misstrauische Seite in mir, die ich mal mehr, mal weniger gut im Griff habe. Wenn mein misstrauisches Ich in bestimmten Situationen angeschaltet wird, legt sich gewissermaßen ein Schalter in meinem Kopf um. Dann denke ich immer an dasselbe („Der will Streit mit mir!", „Die reden schlecht über mich!" usw.); auch meine Gefühle sind dann immer sehr negativ.

Mein Körper steht dann auch immer unter Stress! Ich denke dann logischerweise, dass die anderen/der andere daran schuld sind/ist.

Wenn mein misstrauisches Ich aktiviert wird, muss ich mich aus meiner Perspektive massiv „verteidigen". Oder ich greife andere an, weil ich denke, ich muss mich wehren. Manchmal schieße ich dann über das Ziel hinaus.

Eigentlich weiß ich, dass mein misstrauisches Ich entsprechend oft Fehler macht, mich zu massiven Angriffen hinreißt. Oft wird es auch einfach nur mal so aktiviert, wenn ich Frust schiebe. Dann braucht es nicht viel, dass ich von jetzt auf gleich an die Decke gehe, und der andere hat dann eben Pech. Eigentlich übertrieben, nicht gut, nicht nett, nicht moralisch.

Doch so objektiv wie jetzt sehe ich das Ganze erst dann ein, wenn ich gut drauf bin oder wenn ich emotional runterkomme, das heißt: wenn meine typischen „fünf Minuten", meine ganz „privaten Filme", in denen ich als Regisseur den anderen ganz bestimmte Rollen überstülpe, vorbei sind (Ich = Täter - Du = Opfer). Oder anders gesagt: Wenn mein normales Ich angeschaltet ist. Mein misstrauisches Ich wird z.B. ausgelöst, wenn…

… ich denke, dass andere schlecht über mich reden
… mich jemand „blöd" anguckt
… ich einfach nur schlecht drauf bin
… sich andere gut verstehen
… ______________________ (bekannte Situation benennen!)
… ______________________ (bekannte Situation benennen!)
… ______________________ (bekannte Situation benennen!)

Nun zu den Ursachen. Sind sie mir völlig bewusst? Nun, mal mehr, mal weniger. Ursachen können sein:

- **Häufige Konflikte im sozialen Umfeld!**
- **______________________ (bekannte Ursache benennen!)**
- **______________________ (bekannte Ursache benennen!)**

Fazit: Mein misstrauisches Ich gehört zu mir. Die anderen drücken manchmal ohne Absicht auf meinen „roten Knopf" im Kopf. Dann kommt mein misstrauisches Ich raus. Aber die anderen sind nicht daran schuld, dass ich überhaupt ein sehr misstrauisches Ich habe.

Meine Mitmenschen haben vielleicht ganz andere „Iche" in sich. Daher ist es meine Angelegenheit, dieses Ich zu kontrollieren. Denn eigentlich, und das darf ich mir ruhig auch bewusst machen, mache ich meine (früheren) Erfahrungen, die wahrscheinlich erst zur Ausprägung meines arroganten Ichs geführt haben, im Falle einer Aktivierung zu aktuellen Problemen meiner Mitmenschen.

Das heißt, ICH!!! projiziere vergangene Beziehungsmuster und Lebensthemen in die Gegenwart, in den Gruppenraum usw. Das kann zukünftig zu Problemen führen!

1.3.4 Besinnungstext

Besinnungstext – Misstrauisches Ich/Mobber-Ich

Name des Teenagers: ______________________

Wer bin ich: und wenn ja: wie viele?

Ich denke von mir selbst: „Ich bin ich!" Ich habe Stärken, ich habe Schwächen. Und trotzdem bin ich immer noch ICH SELBST. Punkt.

Nun, das stimmt nicht ganz. Jeder Mensch hat viele Gesichter, Seiten, „Iche". Morgens zeige ich ein anderes Ich als abends. Meinen Eltern und Betreuern gegenüber zeige ich manchmal ein anderes Ich, als meinen Freunden gegenüber. Wenn ich zum Beispiel schlecht drauf bin, spricht mein schlecht gelauntes Ich; dann muss man mich lieber in Ruhe lassen.

Wenn ich mit meinen Freunden Spaß habe, zeigt sich mein freundliches Ich. Ich bin dann nett zu meinen Freunden.

Und wenn ich frustriert bin, zeige ich meistens mein aggressives Ich. Ich weiß eigentlich nicht, wann genau mein aggressives Ich angeschaltet ist.

Hier bringt mich NUR mein NORMALES ICH weiter. Wenn mein NORMALES ICH angeschaltet ist,

- **komme ICH pünktlich,**
- **arbeite ICH mit,**
- **lerne ICH für Leistungsfeststellungen,**
- **will ICH den erfolgreichen Abschluss,**
- **störe ICH nicht,**
- **bin ICH nett zu anderen,**
- **behandele ICH die Betreuerin/den Betreuer respektvoll.**

Aber auch im Alltag zeige ich nicht immer dasselbe (normale) ICH. Wenn ich gestresst bin, Probleme oder Frust habe, zeigt sich plötzlich ein BÖSES ICH. Wenn mein böses ICH rauskommt, habe ich meine „fünf Minuten", „fahre meinen Film". Dann kann mich keiner mehr runterbringen.

Heute zeigte ich mein MOBBING-ICH. Daher ist Folgendes passiert (Zutreffendes bitte ankreuzen):

O Ich habe eine Person aus der Gruppe gedisst
O Ich habe meine Betreuungsperson gedisst
O Ich habe einem anderen weh getan
O Ich habe einen Erzieher beleidigt
O Ich habe die Familie von jemandem beleidigt
O Ich habe____
O Ich habe____
O Ich habe____

Ich habe eigentlich das gemacht, was mein MOBBER-ICH bisher meistens gemacht hat.
Jetzt und hier – nach meinen „Spielchen" – ist wieder mein NORMALES ICH „angeschaltet", denn ich bin wieder „runtergekommen". Erst jetzt verstehe ich, was mein MOBBER-ICH vorhin getan hat. Ein bisschen sehe ich jetzt ein, dass ich vielleicht übertrieben habe, fies war usw. Ich verstehe jetzt auch, welche kurzfristigen und langfristigen Vor- und Nachteile mir mein MOBBER-ICH bringt. Jetzt erst kann ich mir darüber Gedanken machen.

Aufgabe: Fülle folgende Tabelle zu deinem MOBBER-ICH aus. Welche kurz- und langfristigen Vor- und Nachteile hat dieses Ich?

	Vorteile	Nachteile
Kurzfristig		
Langfristig		

Jetzt wird mir klar, dass mein MOBBER-ICH im Alltag Probleme macht. Wenn es angeschaltet wird, trifft es jemanden, der sich als „Opfer“ eignet. Derjenige ist aber NICHT dafür verantwortlich, dass ich jetzt diese Aufgabe erledigen muss.

Nur mein MOBBER-ICH ist dafür verantwortlich! Wenn es nicht diese Person wäre, würde sich mein MOBBER-ICH ein anderes OPFER suchen. Das Problem liegt in MEINEM Mobber-Ich, nicht beim anderen.

Aufgabe: Beantworte folgende Fragen zu deinem MOBBER-ICH.

Seit wann habe ich mein MOBBER-ICH? Was hat es mir bisher für Vorteile gebracht?

Welche „typische" Situation löst derzeit mein MOBBER-ICH aus?

Was passiert dann in mir und mit mir? (Gefühle, Gedanken, Verhaltenstendenzen, Körperreaktionen)

Wo liegt das eigentliche Problem an dem Konflikt und warum?

Was kann ich tun, damit das nächste Mal nicht mein MOBBER-ICH rauskommt? („Was will ich in Zukunft in einer solchen Situation tun?")

Aufgabe: Gebe dir selbst eine Hausaufgabe auf, die dir dabei hilft, dein MOBBER-ICH besser zu kontrollieren.
Beschreibung meiner Hausaufgabe (etwa: Die nächsten drei Wochen mein MOBBER-ICH unterdrücken).

Diese Probleme können bei meiner Hausaufgabe vielleicht auftreten...

Ich möchte diese Probleme folgendermaßen lösen...

Folgendes möchte ich tun, damit mein GLÜCKLICHES ICH häufiger angeschaltet wird...

1.4 Paranoid strukturierte Jugendliche

Sehr schwierig gestaltet sich der Umgang mit paranoiden Teenagern. Sie sind extrem sensibel und ständig misstrauisch, selbst wenn es gar keinen konkreten Anlass gibt. Die betreffenden Jugendlichen erwarten geradezu, von anderen benachteiligt, ausgenutzt oder getäuscht zu werden. Dies führt zu dauerhafter physiologischer Anspannung. Sogar auf wertfreies Agieren im Alltag wird mit z.T. heftigen Ausbrüchen reagiert. Diese treffen Fachkräfte wie auch Gleichaltrige („Was ist los!? Hm. Warum guckst du mich andauernd so an. Hm!?"). Man kann die Betreffenden mit Samthandschuhen anfassen oder auch nicht – es macht keinen Unterschied. Sogar die beliebtesten Fachkräfte können ohne Umschweife ins Fadenkreuz geraten. Viele Pädagogen beziehen dann automatisch die übertriebene Abwehrhaltung des Betreffenden auf die eigene Person – was ein Fehler ist, wie unten noch dargestellt wird.

All diese Phänomene (und noch viel mehr) tragen dazu bei, dass die Gruppe und die Erzieher in bestimmter Weise auf der Beziehungsebene beeinflusst werden. Genauer gesagt: Die nachteiligen Selbst- („Ich muss mich schützen!") und Beziehungsschemata („Die anderen wollen mir was antun!") des Paranoikers provozieren unbewusst eine sich selbst erfüllende Prophezeiung. Tatsächlich zieht paranoides Auftreten soziale Ausgrenzung nach sich – und die Welt ist aus Sicht des Jugendlichen wieder in Ordnung. Hieraus entsteht meist ein Teufelskreis: Isolierte Paranoiker sind der Meinung: „Ich muss misstrauisch sein, *weil* ihr mich ausgrenzt", das soziale Umfeld findet: „Wir grenzen dich aus, *weil* du so misstrauisch bist." Beide Seiten durchschauen in der Regel das Geschehen nicht. Jugendliche mit paranoiden Persönlichkeitsanteilen sind aus ihrer (verschrobenen) Sicht natürlich *immer* die Opfer. „Alle haben was gegen mich!" Zusammenfassend gesagt, sind paranoide Strukturen sehr misstrauisch, manchmal streitsüchtig und häufig latent aggressiv. Sie fühlen sich permanent benachteiligt und betrogen (NISSEN 2000).

Paranoiker vermitteln dem Interaktionspartner vorauseilend das Motto: „Leg dich nicht mit mir an, Freundchen!" Das Gesprächsklima ist gewöhnlich sehr kühl. Der Betreffende schüchtert die anderen ein, damit sie ihm aus seiner Perspektive nicht schaden können. Das Dilemma beginnt häufig bereits beim ersten Blickkontakt: er wird nach meinen Erfahrungen quasi gesucht, ausgehalten und aggressiv unterlegt. Das soll bedrohlich wirken – und tut es auch.

Späterhin sprechen paranoide Persönlichkeiten oft Unterstellungen aus: „Herr X, Sie ignorieren mich heute völlig; Sie haben was gegen mich!?" Oft steht man als Gesprächspartner unter Zwang, die zahlreichen Verdächtigungen des anderen zu zerstreuen und plausibel die eigene Unschuld zu beweisen. Das geht aber nicht „einfach so". Fachkräfte brauchen Geduld und viel Frustrationstoleranz. Paranoiker beeinflussen gewöhnlich die ganze Gruppe. Häufig muss man Stuhlkreise einberufen, um Konflikte aufzulösen. Dabei fällt besonders die paranoide Wahrnehmung des Betreffenden auf, die scheinbar hart wie „Betton" ist.

Abbildung 4: Die paranoide Persönlichkeit

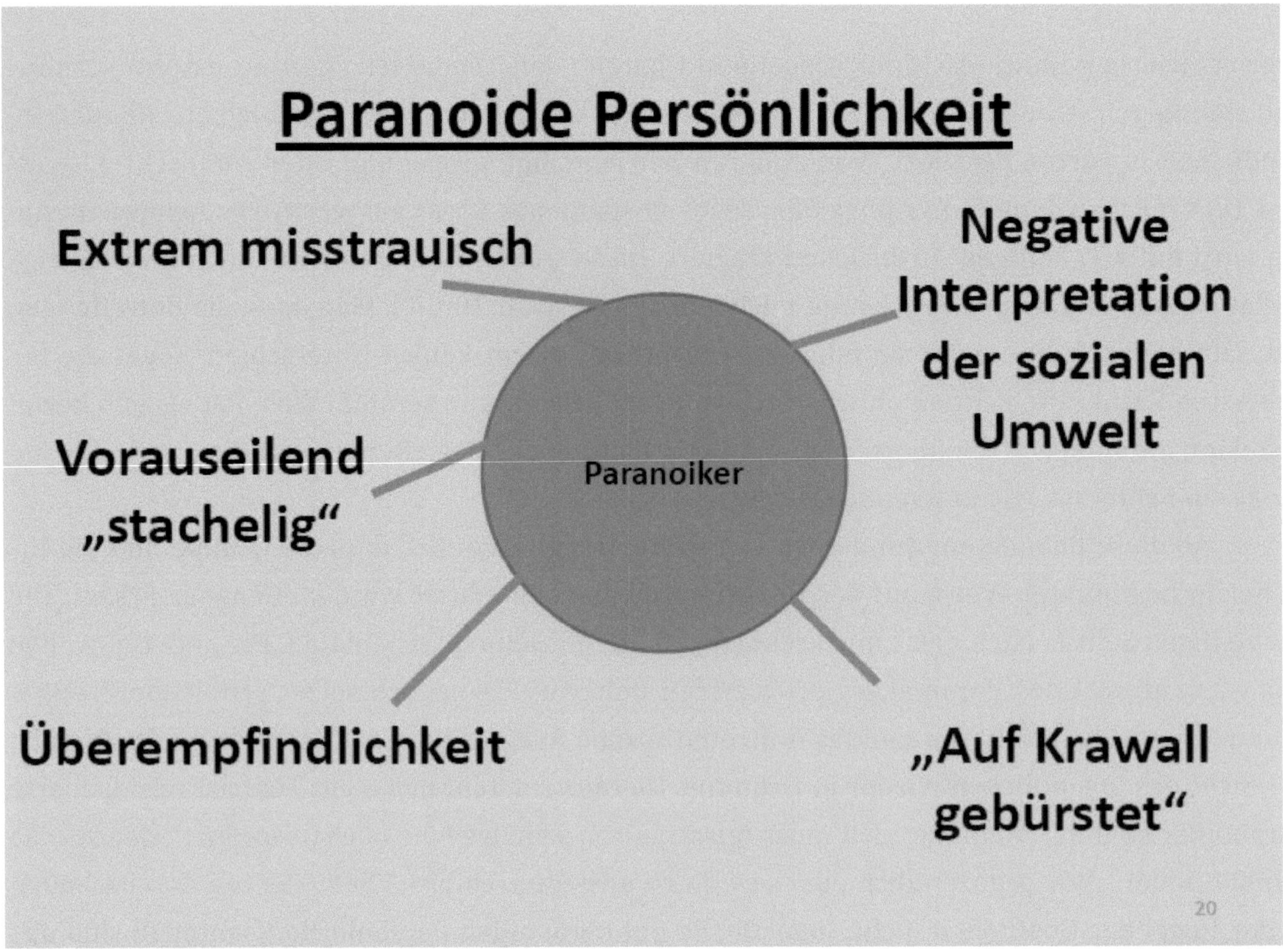

Tipps zum Beziehungsaufbau

Strategie	Beispiel	Positive Wirkung	Potenzielle Nebenwirkung
Das Bedürfnis nach Autonomie befriedigen	„Hier wird niemand zu etwas gezwungen, das er nicht will!"	Aufbau von Beziehungskredit	Stabilisierung des innerpsychischen Systems
Expertenrolle übertragen	„Kannst du mir ein Buch empfehlen, das das eben besprochene Thema gut erklärt?"	Auslösung des Modus Selbsterhöher bzw. Glückliches Kind; Aufbau von Beziehungskredit	Die Fachkraft wird vor den Kopf gestoßen: „SIE sind hier derjenige, der das wissen muss!" (falls wenig Beziehungskredit vorherrscht)

1.4.1 Fragebogen

... zu meinem **überkritischen Ich**

Schätze dich zu folgenden Aussagen ein, und zwar auf einer Skala von 0-3!	**0 = trifft überhaupt nicht zu 1 = trifft manchmal zu 2 = trifft häufig zu 3 = trifft voll und ganz zu**			
Fiese Mitmenschen gibt es überall – ich muss mich jederzeit schützen	**0**	**1**	**2**	**3**
Ich habe häufig das Gefühl, dass andere schlecht über mich reden	**0**	**1**	**2**	**3**
Ich bin oft misstrauisch	**0**	**1**	**2**	**3**
Neuen Bekanntschaften gegenüber bin ich sehr vorsichtig	**0**	**1**	**2**	**3**
Ich glaube, viele Menschen sind schlecht	**0**	**1**	**2**	**3**
Ich habe selten Angst vor Racheaktionen	**0**	**1**	**2**	**3**
Ich vergesse nichts und bin nachtragend	**0**	**1**	**2**	**3**
Ich werde oft „dumm“ angemacht	**0**	**1**	**2**	**3**

1.4.2 Stühlearbeit

Name des Teenagers: ______________________

Aufgabe 1: Schreibe unter die Zeichnung rechts die Bezeichnung deines schwierigsten Ichs (etwa: überkritisches Ich). Schließe die Augen und versetze dich in dein schwierigstes Ich. Stelle dir hierzu eine Situation vor, die dein schwierigstes Ich meistens aktiviert.

Aufgabe 2: Spiele deinem Nachbarn (ansatzweise) deinen problematischsten Ich-Anteil vor. Du übernimmst die Rolle deines Ich-Zustands, sobald du dich auf einen leeren Stuhl setzt. Spiele deine Rolle einige Momente, sobald du dich vom Stuhl erhebst, bist du wieder im „Erwachsenen-Ich". Dein Nachbar soll dir dann beschreiben, wie er dich wahrgenommen hat (Mimik, Gestik, Körpersprache, Vokabular).

Aufgabe 3: Beschreibe deinem Nachbarn deine Empfindungen, die beim Vorspielen ausgelöst wurden.

Aufgabe 4: Überlege dir mit deinem Nachbarn Strategien, die dir in Zukunft dabei helfen sollen, dich im Alltag zu kontrollieren.

1.4.3 Textblatt

„Überkritische/-kritischer– ________________ (Vornamen einfügen)"

Ich habe eine zutiefst kritische Seite in mir, die ich mal mehr, mal weniger gut im Griff habe. Wenn mein überkritisches Ich in bestimmten Situationen angeschaltet wird, legt sich gewissermaßen ein Schalter in meinem Kopf um.

Dann denke ich immer an dasselbe („Der will mich verarschen!", „Die reden schlecht über mich!" usw.); auch meine Gefühle sind dann immer sehr negativ. Mein Körper steht dann auch immer unter Stress! Ich denke dann logischerweise, dass die anderen/der andere daran schuld sind/ist.

Wenn mein überkritisches Ich aktiviert wird, muss ich mich aus meiner Perspektive massiv verteidigen. Oder ich greife erst mal die anderen an, weil ich denke, ich muss mich wehren. Manchmal schieße ich dann über das Ziel hinaus. Eigentlich weiß ich, dass mein überkritisches Ich entsprechend oft Fehler macht, mich zu massiven Angriffen hinreißt.

Oft wird es auch einfach nur mal so aktiviert, wenn ich Frust schiebe. Dann braucht es nicht viel, dass ich von jetzt auf gleich an die Decke gehe, und der andere hat dann eben Pech. Eigentlich übertrieben, nicht gut, nicht nett, nicht moralisch.

Doch so objektiv wie jetzt sehe ich das Ganze erst dann ein, wenn ich gut drauf bin oder wenn ich emotional runterkomme, das heißt: wenn meine typischen „fünf Minuten", meine ganz „privaten Filme", in denen ich als Regisseur den anderen ganz bestimmte Rollen überstülpe, vorbei sind (Ich = Täter - Du = Opfer). Oder anders gesagt: Wenn wieder mein normales Ich angeschaltet ist. Natürlich habe ich auch ein normales Ich, mit dem man reden kann, das nett ist usw. Mein überkritisches Ich wird z.B. ausgelöst, wenn...

... ich denke, dass andere schlecht über mich reden
... mich jemand „blöd" anguckt
... ich einfach nur schlecht drauf bin
... ich einfach jemanden noch nicht so gut kenne
... ________________________ (bekannte Situation benennen!)
... ________________________ (bekannte Situation benennen!)
... ________________________ (bekannte Situation benennen!)

Nun zu den Ursachen meines überkritischen Ichs. Sind sie mir völlig bewusst? Nun, mal mehr, mal weniger. Ursachen können sein:

- Häufige Konflikte im sozialen Umfeld!
- ________________________ (bekannte Ursache benennen!)

Fazit: Mein überkritisches Ich gehört zu mir. Die anderen drücken manchmal ohne Absicht auf meinen „roten Knopf" im Kopf. Dann kommt mein überkritisches Ich raus. Aber die anderen sind nicht daran schuld, dass ich überhaupt ein sehr überkritisches Ich habe.

Meine Mitmenschen haben vielleicht ganz andere „Iche" in sich. Daher ist es meine Angelegenheit, dieses Ich zu kontrollieren. Denn eigentlich, und das darf ich mir ruhig auch bewusst machen, mache ich meine (früheren) Erfahrungen, die wahrscheinlich erst zur Ausprägung meines überkritischen Ichs geführt haben, im Falle einer Aktivierung zu aktuellen Problemen meiner Mitmenschen.

Das heißt, ICH!!! projiziere vergangene Beziehungsmuster und Lebensthemen in die Gegenwart, in den Gruppenraum. Also stehe ICH in der Pflicht, dieses Ich zu kontrollieren.

1.4.4 Besinnungstext

Besinnungstext – Übertriebener Argwohn/Skeptizismus

Name des Teenagers: ______________________

Wer bin ich: und wenn ja: wie viele?

Ich denke von mir selbst: „Ich bin ich!" Ich habe Stärken, ich habe Schwächen. Und trotzdem bin ich immer noch ICH SELBST. Punkt.

Nun, das stimmt nicht ganz. Jeder Mensch hat viele Gesichter, Seiten, „Iche". Morgens zeige ich ein anderes Ich als abends. Meinen Eltern und Erziehern gegenüber zeige ich manchmal ein anderes Ich, als meinen Freunden gegenüber. Wenn ich zum Beispiel schlecht drauf bin, spricht mein schlecht gelauntes Ich aus mir; dann muss man mich lieber in Ruhe lassen.

Wenn ich mit meinen Freunden Spaß habe, zeigt sich mein freundliches Ich. Ich bin dann nett zu meinen Freunden.

Und manchmal zeige ich mein überkritisches Ich. Ich weiß eigentlich nicht, *wann* genau mein überkritisches Ich angeschaltet ist.

Hier bringt mich NUR mein NORMALES ICH weiter. Wenn mein NORMALES ICH angeschaltet ist,

- **komme ich pünktlich,**
- **arbeite ich mit,**
- **lerne ich für Leistungsfeststellungen,**
- **will ich den erfolgreichen Abschluss,**
- **störe ich nicht,**
- **bin ich nett zu anderen,**
- **behandele ich die Erzieherin/den Erzieher respektvoll.**

Aber auch im Alltag zeige ich nicht immer dasselbe (normale) ICH. Wenn ich gestresst bin, Probleme oder Frust habe, Krawall will, zeigt sich plötzlich ein ÜBERKRITISCHES ICH. Wenn dieses ICH rauskommt, habe ich meine „fünf Minuten", „fahre meinen Film". Dann kann mich keiner mehr runterbringen.

Heute zeigte ich wieder mein ÜBERKRITISCHES ICH. Daher ist Folgendes passiert (Zutreffendes bitte ankreuzen):

O Ich habe Endlosdiskussionen geführt
O Ich habe meine Erzieherin/meinen Erzieher bedroht
O Ich habe, weil ich dachte, ich würde verletzt, jemanden weh getan
O Ich habe jemanden beleidigt
O Ich habe die Familie von jemandem beleidigt
O Ich habe____
O Ich habe____

Ich habe eigentlich das gemacht, was mein ÜBERKRITISCHES ICH bisher meistens gemacht hat. Jetzt und hier – nach meinen „Spielchen" – ist wieder mein NORMALES ICH „angeschaltet", denn ich bin wieder „runtergekommen". Erst jetzt verstehe ich, was mein ÜBERKRITISCHES ICH vorhin getan hat. Ein bisschen sehe ich jetzt ein, dass ich vielleicht übertrieben habe, fies war usw. Ich verstehe jetzt auch, welche kurzfristigen und langfristigen Vor- und Nachteile mir mein ÜBERKRITISCHES ICH bringt. Jetzt erst kann ich mir Gedanken darüber machen.

Aufgabe: Fülle folgende Tabelle zu deinem ÜBERKRITISCHEN ICH aus. Welche kurz- und langfristigen Vor- und Nachteile hat dieses Ich?

	Vorteile	Nachteile
Kurzfristig		
Langfristig		

Jetzt wird mir klar, dass mein ÜBERKRITISCHES ICH im Alltag Probleme macht. Wenn es angeschaltet wird, trifft es jemanden, der sich als „Opfer" eignet. Derjenige ist aber NICHT dafür verantwortlich, dass ich jetzt diese Besinnungsaufgabe erledigen muss.

Nur mein ÜBERKTITISCHES ICH ist dafür verantwortlich! Wenn es nicht dieser Jugendliche (oder Erzieher) gewesen wäre, hätte sich mein ÜBERKRITISCHES ICH ein anderes OPFER gesucht. Das Problem liegt in MEINEM überkritischen Ich, nicht beim anderen.

Aufgabe: Beantworte folgende Fragen zu deinem ÜBERKRITISCHEN ICH.

Seit wann habe ich dieses? Was hat es mir bisher für Vorteile gebracht?

Welche „typische" Situation löst derzeit mein ÜBERKRITISCHES ICH aus?

Was passiert dann in mir und mit mir? (Gefühle, Gedanken, Verhaltenstendenzen, Körperreaktionen)

Wo liegt das eigentliche Problem an dem Konflikt und warum?

Was kann ich tun, damit das nächste Mal nicht mein ÜBERKRITISCHES ICH rauskommt? („Was will ich in Zukunft in einer solchen Situation tun?")

Aufgabe: Gebe dir selbst eine Hausaufgabe auf, die dir dabei hilft, dein ÜBERKRITISCHES ICH besser zu kontrollieren.
Beschreibung meiner Hausaufgabe (etwa: Die nächsten drei Wochen mein ÜBERKRITISCHES ICH unterdrücken).

Diese Probleme können bei meiner Hausaufgabe vielleicht auftreten...

Ich möchte diese Probleme folgendermaßen lösen...

Folgendes möchte ich tun, damit mein GLÜCKLICHES ICH öfter angeschaltet wird...

1.5 Sadistisch strukturierte Jugendliche

Sadistische Persönlichkeiten nehmen in Beziehungen (und auch im Praxisfeld Erziehung) eine aggressiv-überlegene Haltung ein (MENTZOS 2005). Sadistische Impulse verspürt wahrscheinlich jeder Mensch einmal (SIEGEL 2006). Doch im Unterschied zu sadistischen Jugendlichen werden diese Impulse nur mental inszeniert, verarbeitet und *nicht* realisiert.
Interessant in diesem Zusammenhang ist der doch sehr unerfreuliche Befund, dass in bestimmten sozialen Situationen, in denen (bisher unauffällige) Personen plötzlich eine enorme Machtfülle erhalten, vermehrt sadistische Tendenzen nach außen gekehrt werden - sehr zum Schaden derjenigen, die einen entsprechend untergeordneten Status haben. Die sozialpsychologischen Experimente von S. MILGRAM (Thema: Gehorsam, Autoritätsreflex und Bestrafungsneigung) und P. ZIMBARDO (Stanford Prison Experiment) haben dieses menschliche Phänomen zu Genüge nachgewiesen (ASENDORPF 2005).
Weitere unrühmliche Beispielsituationen für diese Tatsache kann jeder der Tagespresse entnehmen (Berichte über Kriege, Konzentrationslager, Massaker an der Zivilbevölkerung, Folter, Kindesmord, Tierquälerei usw.).

Heranwachsende, die sadistische Tendenzen offenbaren, sind - für den „gesunden Menschenverstand“ nicht nachvollziehbar - scheinbar *einfach so* grausam, rücksichtslos und übertrieben schadenfroh. Je mehr das Opfer leidet, desto mehr Spaß haben sie (OLDHAM & MORRIS 2007, 410). Es scheint ihnen den Kick zu geben, wenn sie aggressiv auftreten, andere unterdrücken und einen hohen Grad an Destruktivität an den Tag legen.

Sadistisch veranlagte Jugendliche beeinträchtigen extrem die Gruppendynamik im Praxisfeld Erziehung. Die Betreffenden machen sehr schnell potenzielle Opfer aus und praktizieren dann die typischen Tests, Psychospiele und Images (siehe unten). Falls andere Jugendliche oder auch betreuende Fachkräfte opferrelevante Schemata und Schemamodi aufweisen, so kann sich schnell eine Täter-Opfer-Konstellation herausbilden.

Der Grund hierfür liegt darin, dass sadistische und sogenannte selbstschädigende Heranwachsende eine ähnliche Psychodynamik aufweisen, die lediglich gegensätzlich verarbeitet wird (MENTZOS 2009). Sadistische Tendenzen lassen sich auch in den bevorzugten Hobbys, Medien, Gesprächsthemen und vor allem in einer typischen Partnerwahl von betreffenden Jugendlichen nachweisen. Natürlich müssen viele entsprechende Einzelbeobachtungen zusammenkommen, bis man vorsichtig darauf schließen kann, dass man es mit einem Teenager zu tun hat, der wahrscheinlich sadistische Charakterzüge aufweist.

Abbildung 5: Die sadistische Persönlichkeit

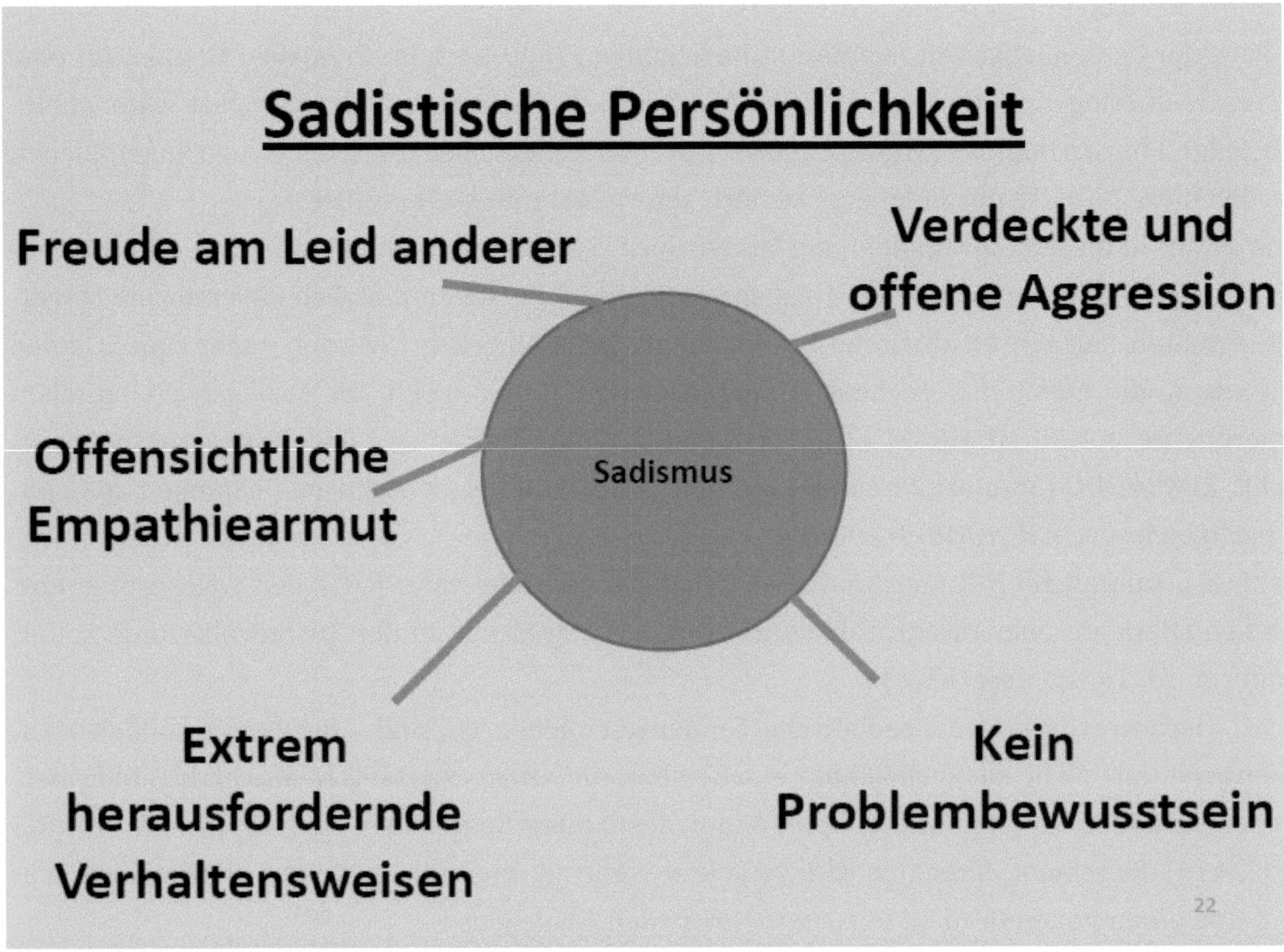

Tipps zum Beziehungsaufbau

Strategie	Beispiel	Positive Wirkung	Potenzielle Nebenwirkung
Das Bedürfnis nach Kontrolle befriedigen	„Du übernimmst ab heute jeden Dienstag die Aufsicht des Gruppenraums in den Pausen!“	Aufbau von Beziehungskredit	Die Machtposition wird ausgenutzt, um die anderen Gruppenmitglieder zu unterdrücken
Expertenrolle übertragen	„Du kannst nächste Woche ein Referat über ein Lieblingsthema von dir halten; egal über was!“	Auslösung des Modus Glückliches Kind; Aufbau von Beziehungskredit	Der Jugendliche hält ein Referat über ein Interessensgebiet, das alle schockiert/ traumatisiert
Auf das Bedürfnis nach Kontrolle konfrontativ eingehen	„Ich habe dir die Aufsicht übertragen und du hast deine Machtposition ausgenutzt!“	Förderung der Selbsterkenntnis in Hinsicht auf den problematischen Schemamodus	Auslösung eines Psychospiels („Ich weiß gar nicht, wovon Sie sprechen!“)

1.5.1 Fragebogen

... zu meinem **fiesen Ich**

Schätze dich zu folgenden Aussagen ein, und zwar auf einer Skala von 0-3!	**0 = trifft überhaupt nicht zu** **1 = trifft manchmal zu** **2 = trifft häufig zu** **3 = trifft voll und ganz zu**			
Ich denke, dass es okay ist, ein bisschen fies zu anderen zu sein (die brauchen das)	**0**	**1**	**2**	**3**
Ich interessiere mich für die Themen Gewalt und Folter (Medien: Internet, DVD, Bücher)	**0**	**1**	**2**	**3**
In Beziehungen habe ich die Kontrolle	**0**	**1**	**2**	**3**
Wenn es Menschen schlecht geht, die ich nicht leiden kann, finde ich das gut	**0**	**1**	**2**	**3**
Ich glaube, man muss Menschen hart anpacken, um mit ihnen klar zu kommen	**0**	**1**	**2**	**3**
Ich habe oft Gewaltphantasien im Alltag	**0**	**1**	**2**	**3**
Ich bin ein harter Typ	**0**	**1**	**2**	**3**
Ich könnte jemanden gut quälen/foltern	**0**	**1**	**2**	**3**

1.5.2 Stühlearbeit

Name des Teenagers: ______________________

Aufgabe 1: Schreibe unter die Zeichnung rechts die Bezeichnung deines schwierigsten Ichs, etwa „fieses Ich". Schließe die Augen und versetze dich in dein schwierigstes Ich. Stelle dir hierzu eine Situation vor, die dein schwierigstes Ich meistens aktiviert.

Aufgabe 2: Spiele deinem Nachbarn (ansatzweise) deinen problematischsten Ich-Anteil vor. Du übernimmst die Rolle deines Ich-Zustands, sobald du dich auf einen leeren Stuhl setzt. Spiele deine Rolle einige Momente, sobald du dich vom Stuhl erhebst, bist du wieder im „Erwachsenen-Ich". Dein Nachbar soll dir dann beschreiben, wie er dich wahrgenommen hat (Mimik, Gestik, Körpersprache, Vokabular).

Aufgabe 3: Beschreibe deinem Nachbarn deine Empfindungen, die beim Vorspielen ausgelöst wurden.

Aufgabe 4: Überlege dir mit deinem Nachbarn Strategien, die dir in Zukunft dabei helfen sollen, dich im Alltag zu kontrollieren.

1.5.3 Textblatt

„Fiese/r- _______________ (Vornamen einfügen)"

Ich habe eine zutiefst fiese Seite in mir, die ich mal mehr, mal weniger gut im Griff habe. Wenn mein fieses Ich in bestimmten Situationen angeschaltet wird, legt sich gewissermaßen ein Schalter in meinem Kopf um. Dann denke ich immer an dasselbe („Dem da muss ich wehtun!", „Ich will Blut sehen!" usw.); auch meine Gefühle sind dann immer sehr intensiv. Mein Körper steht dann auch immer unter Stress! Ich denke dann logischerweise, dass die anderen/der andere das irgendwie brauchen/das braucht.

Wenn mein fieses Ich aktiviert wird, muss ich mich aus meiner Perspektive als „Täter" beweisen. Und dann greife andere an, weil ich denke, ich muss ihnen Schmerzen zufügen. Manchmal schieße ich dann über das Ziel hinaus.

Eigentlich weiß ich, dass mein fieses Ich entsprechend oft Fehler macht, mich zu massiven Angriffen hinreißt. Oft wird es auch einfach nur mal so aktiviert, wenn ich Frust schiebe. Dann braucht es nicht viel, dass ich von jetzt auf gleich an die Decke gehe, und der andere hat dann eben Pech. Eigentlich übertrieben, nicht gut, nicht nett, nicht moralisch.

Doch so objektiv wie jetzt sehe ich das Ganze erst dann ein, wenn ich gut drauf bin oder wenn ich emotional runterkomme, das heißt: wenn meine typischen „fünf Minuten“, meine ganz „privaten Filme“, in denen ich als Regisseur den anderen ganz bestimmte Rollen überstülpe, vorbei sind (Ich = Täter – Du = Opfer). Oder anders gesagt: Wenn mein normales Ich angeschaltet ist. Natürlich habe ich auch ein normales Ich, mit dem man reden kann, das nett ist usw. Mein fieses Ich wird z.B. ausgelöst, wenn...

... ich so ein „Opfer“ nur sehe
... ich schlecht drauf bin
... ich jemanden nicht leiden kann
... jemand es jemandem „zu gut“ geht
... ______________________________ (bekannte Situation benennen!)
... ______________________________ (bekannte Situation benennen!)

Nun zu den Ursachen. Sind sie mir völlig bewusst? Nun, mal mehr, mal weniger. Ursachen können sein:

- **Eigene Opfererfahrungen im frühen sozialen Umfeld!**
- **______________________________ (bekannte Ursache benennen!)**

Fazit: Mein fieses Ich gehört zu mir. Die anderen drücken manchmal ohne Absicht auf meinen „roten Knopf“ im Kopf. Dann kommt mein fieses Ich raus. Aber die anderen sind nicht daran schuld, dass ich überhaupt ein sehr fieses Ich habe. Meine Mitmenschen haben vielleicht ganz andere „Iche“ in sich. Daher ist es meine Angelegenheit, dieses Ich zu kontrollieren.

Denn eigentlich, und das darf ich mir ruhig auch bewusst machen, mache ich meine (früheren) Erfahrungen, die wahrscheinlich erst zur Ausprägung meines fiesen Ichs geführt haben, im Falle einer Aktivierung zu aktuellen Problemen meiner Mitmenschen.

Das heißt, ICH!!! projiziere vergangene Beziehungsmuster und Lebensthemen in die Gegenwart, in Alltag, in den Gruppenraum. Das kann zukünftig zu Problemen führen!

1.5.4 Besinnungstext

Besinnungstext – Sadismus

Name des Teenagers: ______________________

Wer bin ich: und wenn ja: wie viele?

Ich denke von mir selbst: „Ich bin ich!" Ich habe Stärken, ich habe Schwächen. Und trotzdem bin ich immer noch ICH SELBST. Punkt.

Nun, das stimmt nicht ganz. Jeder Mensch hat viele Gesichter, Seiten, „Iche". Morgens zeige ich ein anderes Ich als abends. Meinen Eltern und Lehrern gegenüber zeige ich manchmal ein anderes Ich, als meinen Freunden gegenüber. Wenn ich zum Beispiel schlecht drauf bin, spricht mein schlecht gelauntes Ich aus mir; dann muss man mich lieber in Ruhe lassen.

Wenn ich mit meinen Freunden Spaß habe, zeigt sich mein freundliches Ich. Ich bin dann nett zu meinen Freunden.

Und wenn ich frustriert bzw. geil drauf bin, zeige ich meistens mein sadistisches Ich. Ich weiß eigentlich nicht, wann genau mein sadistisches Ich angeschaltet ist. Im Praxisalltag bringt mich NUR mein NORMALES ICH weiter. Wenn mein NORMALES ICH angeschaltet ist,

- **komme ich pünktlich,**
- **arbeite ich mit,**
- **lerne ich für Leistungsfeststellungen,**
- **will ich den erfolgreichen Abschluss,**
- **störe ich nicht,**
- **bin ich nett zu anderen,**
- **behandele ich die Erzieherin/den Erzieher respektvoll**

Aber auch hier zeige ich nicht immer dasselbe (normale) ICH. Wenn ich gestresst bin, Probleme oder Frust habe, Krawall will, zeigt sich plötzlich ein SADISTISCHES ICH. Wenn dieses ICH rauskommt, habe ich meine „fünf Minuten", „fahre meinen Film". Dann kann mich keiner mehr runterbringen.

Heute zeigte ich mein SADISTISCHES ICH. Daher ist Folgendes passiert (Zutreffendes bitte ankreuzen):

O Ich habe eine/n aus der Gruppe gedisst
O Ich habe meine Erzieherin/meinen Erzieher verarscht
O Ich habe jemanden psychisch/körperlich weh getan
O Ich habe jemanden fertiggemacht
O Ich habe die Familie von jemandem beleidigt
O Ich habe____
O Ich habe____

Ich habe eigentlich das gemacht, was mein SADISTISCHES ICH bisher meistens gemacht hat. Jetzt und hier – nach meinen „Spielchen" – ist wieder mein NORMALES ICH „angeschaltet", denn ich bin wieder „runtergekommen". Erst jetzt verstehe ich, was mein SADISTISCHES ICH vorhin getan hat.

Ein bisschen sehe ich jetzt ein, dass ich vielleicht übertrieben habe, fies war usw. Ich verstehe jetzt auch, welche kurzfristigen und langfristigen Vor- und Nachteile mir mein SADISTISCHES ICH bringt. Jetzt erst kann ich mir Gedanken darüber machen.

Aufgabe: Fülle folgende Tabelle zu deinem SADISTISCHEN ICH aus. Welche kurz- und langfristigen Vor- und Nachteile hat dieses Ich?

	Vorteile	Nachteile
Kurzfristig		
Langfristig		

Jetzt wird mir klar, dass mein SADISTISCHES ICH im Alltag Probleme macht. Wenn es angeschaltet wird, trifft es jemanden, der sich als „Opfer“ eignet. Derjenige ist aber NICHT dafür verantwortlich, dass ich jetzt diesen Text hier lesen und die Aufgaben erledigen muss.

Nur mein SADISTISCHES ICH ist dafür verantwortlich! Wenn es nicht dieser Jugendliche (oder Erzieher) wäre, würde sich mein SADISTISCHES ICH ein anderes OPFER suchen. Das Problem liegt in MEINEM SADISTISCHEN ICH, nicht beim anderen.

Aufgabe: Beantworte folgende Fragen zu deinem AGGRO-ICH.

Seit wann habe ich mein SADISTISCHES ICH? Was hat es mir bisher für Vorteile gebracht?

Welche „typische" Situation löst derzeit mein SADISTISCHES ICH aus?

Was passiert dann in mir und mit mir? (Gefühle, Gedanken, Verhaltenstendenzen, Körperreaktionen)

Wo liegt das eigentliche Problem an dem Konflikt und warum?

Was kann ich tun, damit das nächste Mal nicht mein SADISTISCHES ICH rauskommt? („Was will ich in Zukunft in einer solchen Situation tun?")

Aufgabe: Gebe dir selbst eine Hausaufgabe auf, die dir dabei hilft, dein SADISTISCHES ICH besser zu kontrollieren.
Beschreibung meiner Hausaufgabe (etwa: Die nächsten drei Wochen mein SADISTISCHES ICH unterdrücken).

Diese Probleme können bei meiner Hausaufgabe vielleicht auftreten...

Ich möchte diese Probleme folgendermaßen lösen...

Folgendes möchte ich tun, damit mein GLÜCKLICHES ICH öfter angeschaltet wird...

1.6 Selbstschädigend strukturierte Jugendliche

Die sogenannte selbstschädigende Persönlichkeitsstörung war Bestandteil des DSM-III-R, in der neuen Fassung des Diagnosemanuals (DSM-IV) taucht sie nicht mehr auf – und im DSM-V auch nicht. Der Grund hierfür war eine Uneinigkeit zwischen den Fachleuten in Hinsicht auf die Begrifflichkeit und das Stigmatisierungsproblem, die dazu führte, dass die selbstschädigende Persönlichkeitsstörung quasi ein „diagnostisches Strohfeuer" blieb. Dessen ungeachtet erscheint die Thematisierung der Psychologie der Selbstschädigung (MUMMENDEY 2000) im vorliegenden Rahmen sehr sinnvoll zu sein. Nach meinen Erfahrungen lassen sich nämlich so manche irrationalen, scheinbar eigenmotivierten Selbstbenachteiligungen im Praxisfeld Erziehung mithilfe dieses Konzepts erklären.

Ebenso sind neuartige Interventionen denkbar, die auf den entsprechenden Erkenntnissen aufbauen. Um gleich einem möglichen Missverständnis vorzubeugen: Der selbstschädigende Persönlichkeitsstil muss vom Borderline-Persönlichkeitsstil deutlich unterschieden werden, der bekanntlich manchmal mit Verhaltensweisen wie Ritzen einhergeht. – Teenager mit einem selbstschädigenden Persönlichkeitsstil stellen unbewusst *Situationen* her, in denen sie sich selbst sabotieren bzw. leicht in eine Opferposition geraten. Sie benachteiligen sich entsprechend selbst in „psychosozialer Weise". Das soziale Umfeld wird mithilfe von typischen Manipulationstechniken geradezu in eine Art Täter-Mentalität gedrängt.

Wer vom selbstschädigenden Persönlichkeitsstil betroffen ist, scheint das Pech geradezu anzuziehen, in jederlei Hinsicht. Ständig passieren Missgeschicke, Verfehlungen, Unfälle und andere Peinlichkeiten, die aufseiten der restlichen Anwesenden nach und nach einen negativen Eindruck provozieren (weil die Auffälligkeiten anscheinend aus deren Wahrnehmung *unterschwellig* beabsichtigt sind).

Die pädagogische Fachkraft ist von diesem Gegenübertragungsphänomen übrigens *nicht* ausgenommen (siehe unten), d.h., nicht selten verstärkt man nicht wissend die negativen Beziehungserwartungen von Jugendlichen mit selbstschädigenden Tendenzen.

Häufig gerät der Betreffende aufgrund der genannten Auffälligkeiten „wie automatisch" in die Sündenbockrolle. Aus schemapädagogischer Perspektive heißt das: Er/sie bringt entsprechende Schemata und Schemamodi mit in den Praxisalltag, die auch für „typische" Mobbingopfer charakteristisch sind.

Abbildung 6: Die selbstschädigende Persönlichkeit

Tipps zum Beziehungsaufbau

Strategie	**Beispiel**	**Positive Wirkung**	**Potenzielle Nebenwirkung**
Das Bedürfnis nach Aufmerksamkeit befriedigen	„Wieso hattest du den Streit mit deinen Eltern/deinem Freund?“	Aufbau von Beziehungskredit	Stabilisierung des innerpsychischen Systems
Expertenrolle übertragen	„Ich würde gerne mal einen *richtigen* Horrorfilm sehen, kennt du zufällig einen?“	Aufbau von Beziehungskredit	keine
„Wie-Technik“	„*Wie* hast du es trotz deiner Krankheit geschafft, gestern hier zu erscheinen?!“	Das Gegenüber nimmt eine ressourcenorientierte Perspektive ein	Abwehr (falls wenig Beziehungskredit vorhanden)

1.6.1 Fragebogen

... zu meinem **selbstschädigenden Ich**

Schätze dich zu folgenden Aussagen ein, und zwar auf einer Skala von 0-3!	**0 = trifft überhaupt nicht zu** **1 = trifft manchmal zu** **2 = trifft häufig zu** **3 = trifft voll und ganz zu**			
Mir passieren im Alltag häufig peinliche Sachen – und die anderen merken das	**0**	**1**	**2**	**3**
Ich bin in Freundschaften schon oft enttäuscht worden	**0**	**1**	**2**	**3**
Ich krieg häufig den Frust von anderen ab	**0**	**1**	**2**	**3**
Ich wurde schon oft gemobbt	**0**	**1**	**2**	**3**
Die Rolle des Versagers kenne ich gut	**0**	**1**	**2**	**3**
Ich habe es häufig verdient, bestraft zu werden	**0**	**1**	**2**	**3**
Ich gerate oft an Menschen, die mir nicht guttun	**0**	**1**	**2**	**3**
Ich erlebe häufig Misserfolge	**0**	**1**	**2**	**3**

1.6.2 Stühlearbeit

Name des Teenagers: ______________________

Aufgabe 1: Schreibe unter die Zeichnung rechts die Bezeichnung deines schwierigsten Ichs, etwa selbstschädigendes Ich. Schließe die Augen und versetze dich in dein schwierigstes Ich. Stelle dir hierzu eine Situation vor, die dein schwierigstes Ich meistens aktiviert.

Aufgabe 2: Spiele deinem Nachbarn (ansatzweise) deinen problematischsten Ich-Anteil vor. Du übernimmst die Rolle deines Ich-Zustands, sobald du dich auf einen leeren Stuhl setzt. Spiele deine Rolle einige Momente, sobald du dich vom Stuhl erhebst, bist du wieder im „Erwachsenen-Ich". Dein Nachbar soll dir dann beschreiben, wie er dich wahrgenommen hat (Mimik, Gestik, Körpersprache, Vokabular).

Aufgabe 3: Beschreibe deinem Nachbarn deine Empfindungen, die beim Vorspielen ausgelöst wurden.

Aufgabe 4: Überlege dir mit deinem Nachbarn Strategien, die dir in Zukunft dabei helfen sollen, dich im Alltag zu kontrollieren.

1.6.3 Textblatt

„Selbstschädigende/r- ________________ (Vornamen einfügen)“

Ich habe eine selbstschädigende Seite in mir, die ich mal mehr, mal weniger gut im Griff habe. Wenn mein selbstschädigendes Ich in bestimmten Situationen angeschaltet wird, legt sich gewissermaßen ein Schalter in meinem Kopf um.

Dann denke ich immer an dasselbe („Der andere ist böse zu mir!“, „Die reden schlecht über mich!“ usw.); auch meine Gefühle sind dann immer sehr negativ. Mein Körper steht dann auch immer unter Stress! Ich denke dann logischerweise, dass die anderen/der andere daran schuld sind/ist.

Wenn mein selbstschädigendes Ich aktiviert wird, passieren mir oft total peinliche Sachen. Eigentlich weiß ich, dass mein selbstschädigendes Ich entsprechend oft Fehler macht, meine Erscheinung sabotiert, für die peinlichen Auftritte verantwortlich ist. Oft wird es auch einfach nur mal so aktiviert, wenn ich Frust schiebe.

Dann braucht es nicht viel, dass ich von jetzt auf gleich in meinem „peinlichen Film“ bin, und die anderen reagieren entsprechend negativ darauf. Eigentlich sabotiert mein selbstschädigendes Ich mein Leben.

Doch so objektiv wie jetzt sehe ich das Ganze erst dann ein, wenn ich gut drauf bin oder wenn ich emotional runterkomme, das heißt: wenn meine typischen „fünf Minuten", meine ganz „privaten Filme", in denen ich als Regisseur den anderen ganz bestimmte Rollen überstülpe, vorbei sind (Ich = Opfer - Du = Täter). Oder anders gesagt: Wenn mein normales Ich angeschaltet ist. Natürlich habe ich auch ein normales Ich, mit dem man reden kann, das reflektieren kann usw. Mein selbstschädigendes Ich wird z.B. ausgelöst, wenn...

... ich in eine neue Gruppe komme
... ich jemanden sehe, der mir gefährlich werden kann
... ich einfach nur schlecht drauf bin
... ich jemanden noch nicht gut kenne
... ________________________ (bekannte Situation benennen!)
... ________________________ (bekannte Situation benennen!)
... ________________________ (bekannte Situation benennen!)

Nun zu den Ursachen. Sind sie mir völlig bewusst? Nun, mal mehr, mal weniger. Ursachen können sein:

- **Häufige Konflikte im sozialen Umfeld!**
- **________________________ (bekannte Ursache benennen!)**

Fazit: Mein selbstschädigendes Ich gehört zu mir. Die anderen drücken manchmal ohne Absicht auf meinen „roten Knopf" im Kopf. Dann kommt mein selbstschädigendes Ich raus. Aber die anderen sind nicht daran schuld, dass ich überhaupt ein sehr selbstschädigendes Ich habe.

Meine Mitmenschen haben vielleicht ganz andere „Iche" in sich. Daher ist es meine Angelegenheit, dieses Ich zu kontrollieren. Denn eigentlich, und das darf ich mir ruhig auch bewusst machen, mache ich meine (früheren) Erfahrungen, die wahrscheinlich erst zur Ausprägung meines selbstschädigenden Ichs geführt haben, im Falle einer Aktivierung zu aktuellen Erfahrungen.

Das heißt, ICH!!! projiziere vergangene Beziehungsmuster und Lebensthemen in die Gegenwart, in den Alltag, in den Gruppenraum. Das kann zukünftig zu Problemen führen!

1.6.4 Besinnungstext

Besinnungstext – Selbstschädigung

Name des Teenagers: ______________________

Wer bin ich: und wenn ja: wie viele?

Ich denke von mir selbst: „Ich bin ich!" Ich habe Stärken, ich habe Schwächen. Und trotzdem bin ich immer noch ICH SELBST. Punkt.

Nun, das stimmt nicht ganz. Jeder Mensch hat viele Gesichter, Seiten, „Iche". Morgens zeige ich ein anderes Ich als abends. Meinen Eltern und Lehrern gegenüber zeige ich manchmal ein anderes Ich, als meinen Freunden gegenüber. Wenn ich zum Beispiel schlecht drauf bin, spricht mein schlecht gelauntes Ich aus mir; dann muss man mich lieber in Ruhe lassen.

Wenn ich mit meinen Freunden Spaß habe, zeigt sich mein freundliches Ich. Ich bin dann nett zu meinen Freunden.

Und wenn ich will, zeige ich mein selbstschädigendes Ich. Ich weiß eigentlich nicht, wann genau mein aggressives Ich angeschaltet ist.

Hier bringt mich NUR mein NORMALES ICH weiter. Wenn mein NORMALES ICH angeschaltet ist,

- **komme ich pünktlich,**
- **arbeite ich mit,**
- **lerne ich für Leistungsfeststellungen,**
- **will ich den erfolgreichen Abschluss,**
- **störe ich nicht,**
- **bin ich nett zu anderen,**
- **behandele ich die Erzieherin/den Erzieher respektvoll**

Aber auch im Alltag zeige ich nicht immer dasselbe (normale) ICH. Wenn ich gestresst bin, Probleme oder Frust habe, Action will, zeigt sich plötzlich mein SELBSTSCHÄDIGENDES ICH. Wenn mein SELBSTSCHÄDIGENDES ICH rauskommt, habe ich meine „fünf Minuten", „fahre meinen Film". Dann kann mich keiner mehr runterbringen.

Heute zeigte ich mein SELBSTSCHÄDIGENDES ICH. Daher ist Folgendes passiert (Zutreffendes bitte ankreuzen):

O Ich habe jemanden provoziert, obwohl er viel stärker ist als ich
O Ich habe ein Psychospielchen gespielt, nämlich________________________
O Ich habe den Erzieher so lange genervt, bis er mich rausgeschmissen hat
O Ich habe mich zum x-ten Mal verspätet
O Ich habe jemanden auf 180 gebracht
O Ich habe____
O Ich habe____

Ich habe eigentlich das gemacht, was mein SELBSTSCHÄDIGENDES ICH bisher meistens gemacht hat. Jetzt und hier – nach meinen „Spielchen" – ist wieder mein NORMALES ICH „angeschaltet", denn ich bin wieder „runtergekommen". Erst jetzt verstehe ich, was mein SELBSTSCHÄDIGENDES ICH vorhin getan hat. Ein bisschen sehe ich jetzt ein, dass ich vielleicht übertrieben habe, fies war usw. Ich verstehe jetzt auch, welche kurzfristigen und langfristigen Vor- und Nachteile mir mein SELBSTSCHÄDIGENDES ICH bringt. Jetzt erst kann ich mir Gedanken darüber machen.

Aufgabe: Fülle folgende Tabelle zu deinem SELBSTSCHÄDIGENDEN ICH aus. Welche kurz- und langfristigen Vor- und Nachteile hat dieses Ich?

	Vorteile	Nachteile
Kurzfristig		
Langfristig		

Jetzt wird mir klar, dass mein SELBSTSCHÄDIGENDES ICH im Alltag Probleme macht. Wenn es angeschaltet wird, trifft es jemanden, der sich als „Täter“ eignet. Derjenige ist aber NICHT dafür verantwortlich, dass ich jetzt diese Aufgabe erledigen muss.

Nur mein SELBSTSCHÄDIGENDES ICH ist dafür verantwortlich! Wenn es nicht dieser Typ (oder Erzieher) wäre, würde sich mein SELBSTSCHÄDIGENDES ICH einen anderen TÄTER suchen. Das Problem liegt in MEINEM SELBSTSCHÄDIGENDEN ICH, nicht beim anderen.

Aufgabe: Beantworte folgende Fragen zu deinem SELBSTSCHÄDIGENDEN ICH.

Seit wann habe ich mein SELBSTSCHÄDIGENDES ICH? Was hat es mir bisher für Vorteile gebracht?

Welche „typische“ Situation löst derzeit mein SELBSTSCHÄDIGENDES ICH aus?

Was passiert dann in mir und mit mir? (Gefühle, Gedanken, Verhaltenstendenzen, Körperreaktionen)

Wo liegt das eigentliche Problem an dem Konflikt und warum?

Was kann ich tun, damit das nächste Mal nicht mein SELBSTSCHÄDIGENDES ICH rauskommt? („Was will ich in Zukunft in einer solchen Situation tun?“)

Aufgabe: Gebe dir selbst eine Hausaufgabe auf, die dir dabei hilft, dein SELBSTSCHÄDIGENDES ICH besser zu kontrollieren.
Beschreibung meiner Hausaufgabe (etwa: Die nächsten drei Wochen mein SELBSTSCHÄDIGENDES ICH unterdrücken).

Diese Probleme können bei meiner Hausaufgabe vielleicht auftreten…

Ich möchte diese Probleme folgendermaßen lösen…

Folgendes möchte ich tun, damit mein GLÜCKLICHES ICH öfter angeschaltet wird…

1.7 Passiv-aggressiv strukturierte Jugendliche

Passiv-aggressive Persönlichkeiten stören massiv den Tagesablauf. Dies hat vor allem damit zu tun, dass man mit ihnen im Praxisfeld Erziehung und Bildung zusammenarbeitet. Vorgegebene Strukturen sind für die betreffenden Teenager ein Unding. Das zentrale Motiv dieses Persönlichkeitsstils ist die „Unverletzlichkeit der eigenen Grenzen"; ein weiteres ist die Autonomie (SACHSE 2006a). Fest stehende Rahmenbedingungen, Gruppenregeln, Regelungen des Lehrens und Lernens – all diese institutionellen Vorgaben werden vorauseilend als Kontroll- und Unterdrückungsbestrebungen von Betreffenden definiert. Sie schränken aus Sicht des Teenagers „das Individuum" ein (FIEDLER 2007).

Die pädagogischen Fachkräfte sind von dieser irrationalen Wahrnehmung nicht ausgenommen. Gerade dieser Punkt führt bereits in der Anfangsphase schon zu Konflikten, die aus einem vorauseilenden extremen „Rebellentum und Freiheitsdenken" an den Haaren herbeigezogen werden.

Bei passiv-aggressiven Jugendlichen fällt die typische Ich-bin-grundsätzlich-dagegen-Einstellung schnell ins Auge. Sie wird in der Regel auch durch das Erscheinungsbild (z.B. Piercings, Tattoos, auffällige Frisur), die Kleidung (etwa Punker-Style), durch provokante Umgangsformen, aneckende Meinungen („Fuck the system!") und/oder durch eine ablehnende Körpersprache gegenüber den Fachkräften usw. ausgestrahlt.

Die schon erwähnte zementierte Ich-bin-grundsätzlich-dagegen-Einstellung kommt erfahrungsgemäß schon in den ersten Wochen der Zusammenarbeit zum Vorschein. Alles, was aus Sicht des Teenagers auch nur entfernt nach Zwang, Kontrolle und Einschränkung aussieht, wird in einer bestimmten, eben passiv-aggressiven Art und Weise abgelehnt oder sabotiert; und insbesondere durch ständiges Herumnörgeln kommentiert. – Tafelbilder werden generell nicht mitnotiert („Ich merk' mir das einfach!"); der eigene Ordner wird schlampig geführt („Hauptsache, ich kanns lesen!"), für Klassenarbeiten wird nicht gelernt („Trotzdem 'ne Vier geschrieben! Sehen Sie!"); vereinbarte wichtige Termine werden „vergessen"; und ganz häufig der Fall: Der Betreffende kommt regelmäßig(!) zu spät („Bus verpasst – und weiter!?"). Oft werden die innerpsychischen Strukturen kultiviert: Man beschäftigt sich mit entsprechenden Gesellschafts- und Lebensformen (Anarchie bzw. „Kommune"), pflegt typische Hobbys (im Internet antigesellschaftliche Artikel bloggen, an Demonstrationen teilnehmen usw.). Diese Themen werden auch mit in den pädagogischen Praxisalltag gebracht, in Diskussionen eingebunden usw. Es versteht sich von selbst, dass dieses Bündel an „rebellischen" Verhaltensweisen nicht unbedingt auf viel Gegenliebe beim Fachpersonal stößt.

Hinzu kommt, dass passiv-aggressives Auftreten in der Regel die meisten Fachkräfte dazu motiviert, sich mit dem Jugendlichen ausführlich zu beschäftigen, ihn zu fördern, ihn durch gutes Zureden „auf den rechten Weg bringen" zu wollen. Dies ist zwar verständlich, aber ein großer Fehler. Man kann davon ausgehen, dass unsere pädagogischen Kolleginnen und Kollegen, die Monate und Jahre zuvor mit dem betreffenden Jugendlichen zu tun hatten, genau dasselbe versucht haben – mit geringem Erfolg. *Ansonsten würden die passiv-aggressiven Symptome ja gar nicht mehr vorhanden sein.*

Abbildung 7: Die passiv-aggressive Persönlichkeit

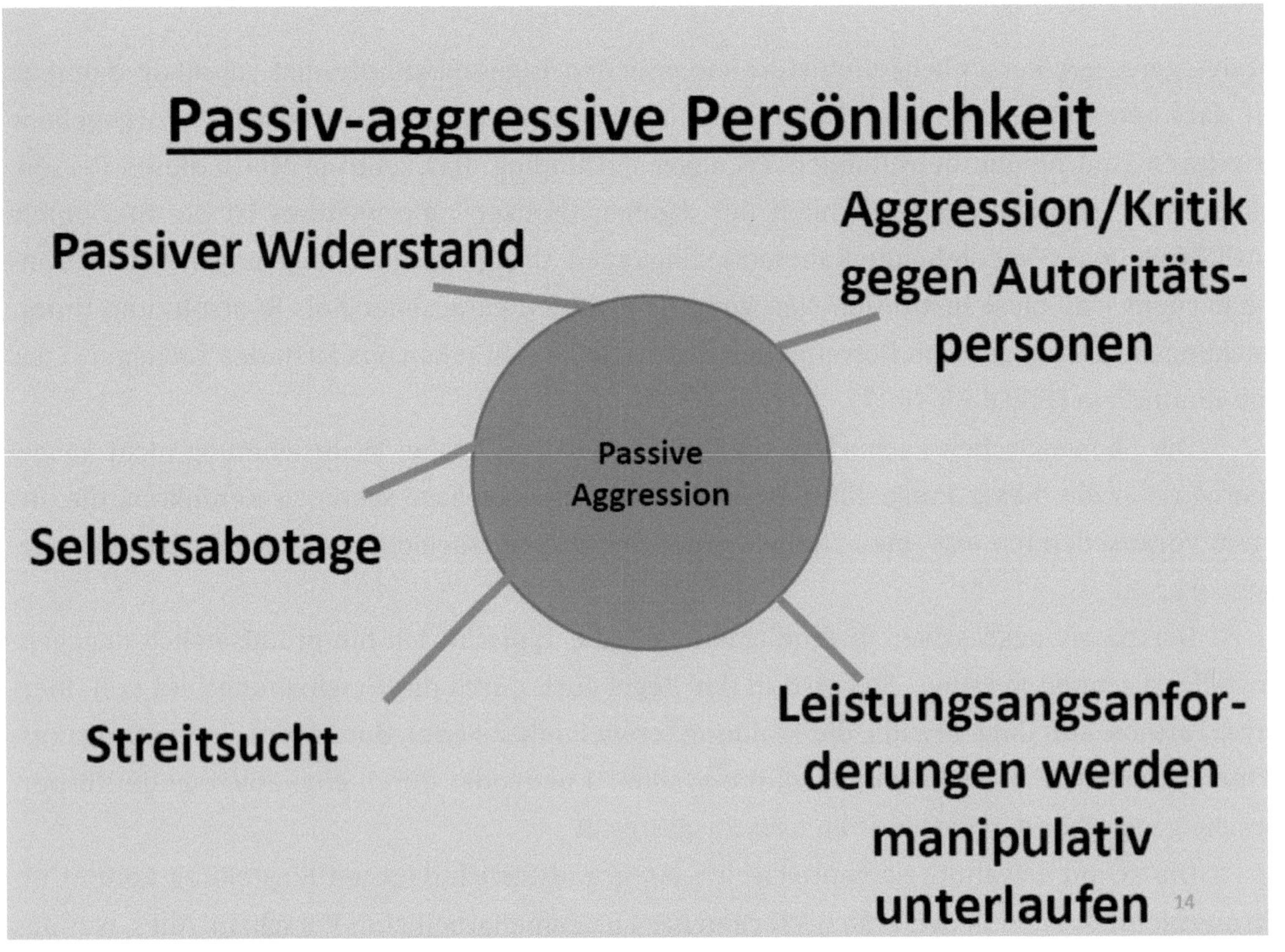

Tipps zum Beziehungsaufbau

Strategie	**Beispiel**	**Positive Wirkung**	**Potenzielle Nebenwirkung**
Das Bedürfnis nach „Rebellion" befriedigen	„Hier hab ich was zum Lesen für dich; es geht um den Widerstand in Diktaturen!"	Aufbau von Beziehungskredit	Stabilisierung des innerpsychischen Systems
Expertenrolle übertragen	„Kennst du dich bei diesem Thema aus – ist nicht mein Fachgebiet!"	Auslösung des Modus Selbsterhöher bzw. Glückliches Kind; Aufbau von Beziehungskredit	Die Fachkraft wird vor den Kopf gestoßen: „Sie sagten doch, sie hätten studiert!" (falls wenig Beziehungskredit vorherrscht)

1.7.1 Fragebogen

... zu meinem **Dagegen-Ich**

Schätze dich zu folgenden Aussagen ein, und zwar auf einer Skala von 0-3!	0 = trifft überhaupt nicht zu 1 = trifft manchmal zu 2 = trifft häufig zu 3 = trifft voll und ganz zu			
Ich habe ein Problem mit Autoritäten	0	1	2	3
Meine Freiheit nimmt mir niemand!	0	1	2	3
Ich finde gesellschaftlich konforme Menschen irgendwie lächerlich	0	1	2	3
Ich ecke gerne mal an!	0	1	2	3
Ich glaube, viele Menschen sind doof	0	1	2	3
Ich diskutiere gerne!	0	1	2	3
Ich kann sehr fies zu anderen sein!	0	1	2	3
Ich passe mich nicht gerne an!	0	1	2	3

1.7.2 Stühlearbeit

Dagegen-Ich

Name des Teenagers: ______________________

Aufgabe 1: Schreibe unter die Zeichnung rechts die Bezeichnung deines schwierigsten Ichs, etwa Dagegen-Ich. Schließe die Augen und versetze dich in dein schwierigstes Ich. Stelle dir hierzu eine Situation vor, die dein schwierigstes Ich meistens aktiviert.

Aufgabe 2: Spiele deinem Nachbarn (ansatzweise) deinen problematischsten Ich-Anteil vor. Du übernimmst die Rolle deines Ich-Zustands, sobald du dich auf einen leeren Stuhl setzt. Spiele deine Rolle einige Momente, sobald du dich vom Stuhl erhebst, bist du wieder im „Erwachsenen-Ich". Dein Nachbar soll dir dann beschreiben, wie er dich wahrgenommen hat (Mimik, Gestik, Körpersprache, Vokabular).

Aufgabe 3: Beschreibe deinem Nachbarn deine Empfindungen, die beim Vorspielen ausgelöst wurden.

Aufgabe 4: Überlege dir mit deinem Nachbarn Strategien, die dir in Zukunft dabei helfen sollen, dich im Alltag zu kontrollieren.

1.7.3 Textblatt

„Dagegen- ________________ (Vornamen einfügen)"

Ich habe eine rebellische Seite in mir, die ich mal mehr, mal weniger gut im Griff habe. Wenn mein Dagegen-Ich in bestimmten Situationen angeschaltet wird, legt sich gewissermaßen ein Schalter in meinem Kopf um. Dann denke ich immer an dasselbe („Der will mir was einreden!", „Der will meine Freiheit einschränken!" usw.); auch meine Gefühle sind dann immer sehr negativ. Mein Körper steht dann auch immer unter Stress! Ich denke dann logischerweise, dass die anderen/der andere daran schuld sind/ist.

Wenn mein Dagegen-Ich aktiviert wird, diskutiere ich gerne. Eigentlich weiß ich, dass mein Dagegen-Ich manchmal ein bisschen extrem ist. Ich mache andere dann hin und wieder mal richtig fertig.

Oft wird mein Dagegen-Ich auch einfach nur mal so aktiviert, wenn ich Frust schiebe. Dann braucht es nicht viel, dass ich von jetzt auf gleich in meinem „rebellischen Film" bin, und die anderen reagieren entsprechend negativ darauf. Eigentlich sabotiert mein rebellisches Ich meine schulischen Leistungen.

Doch so objektiv wie jetzt sehe ich das Ganze erst dann ein, wenn ich gut drauf bin oder wenn ich emotional runterkomme, das heißt: wenn meine typischen „fünf Minuten", meine ganz „privaten Filme", in denen ich als Regisseur den anderen ganz bestimmte Rollen überstülpe, vorbei sind (Ich = Rebell - Du = Möchtegern-Autorität). Oder anders gesagt: Wenn mein normales Ich angeschaltet ist. Natürlich habe ich auch ein normales Ich, mit dem man reden kann, das reflektieren kann usw. Mein Dagegen-Ich wird z.B. ausgelöst, wenn...

... mir eine Autoritätsperson Vorschriften machen will
... ich was machen soll, was ich gerade nicht will
... mir jemand eine Moralpredigt halten will
... ich jemanden nicht leiden kann
... ______________________________ (bekannte Situation benennen!)
... ______________________________ (bekannte Situation benennen!)
... ______________________________ (bekannte Situation benennen!)

Nun zu den Ursachen. Sind sie mir völlig bewusst? Nun, mal mehr, mal weniger. Ursachen können sein:

- Häufige Konflikte im sozialen Umfeld!
- ______________________________ (bekannte Ursache benennen!)

Fazit: Mein Dagegen-Ich gehört zu mir. Die anderen drücken manchmal ohne Absicht auf meinen „roten Knopf". Dann kommt mein rebellisches Ich raus. Aber die anderen sind nicht daran schuld, dass ich überhaupt ein Dagegen-Ich habe. Meine Mitmenschen haben vielleicht ganz andere „Iche" in sich.

Daher ist es meine Angelegenheit, dieses Ich zu kontrollieren. Denn eigentlich, und das darf ich mir ruhig auch bewusst machen, mache ich meine (früheren) Erfahrungen, die wahrscheinlich erst zur Ausprägung meines rebellischen Ichs geführt haben, im Falle einer Aktivierung zu aktuellen Erfahrungen.

Das heißt, ICH!!! projiziere vergangene Beziehungsmuster in die Gegenwart, in den Alltag, in den Gruppenraum. Das kann zukünftig zu Problemen führen!

1.7.4 Besinnungstext

Besinnungstext – Rebellentum

Name des Teenagers: ________________________

Wer bin ich: und wenn ja: wie viele?

Ich denke von mir selbst: „Ich bin ich!" Ich habe Stärken, ich habe Schwächen. Und trotzdem bin ich immer noch ICH SELBST. Punkt.

Nun, das stimmt nicht ganz. Jeder Mensch hat viele Gesichter, Seiten, „Iche". Morgens zeige ich ein anderes Ich als abends. Meinen Eltern und Lehrern gegenüber zeige ich manchmal ein anderes Ich, als meinen Freunden gegenüber. Wenn ich zum Beispiel schlecht drauf bin, spricht mein schlecht gelauntes Ich aus mir; dann muss man mich lieber in Ruhe lassen.

Wenn ich mit meinen Freunden Spaß habe, zeigt sich mein freundliches Ich. Ich bin dann nett zu meinen Freunden.

Und wenn ich frustriert bin oder mir jemand zu nahe kommt, mich zu etwas zwingen will, was ich nicht will, dann zeige ich meistens mein rebellisches Ich. Ich weiß eigentlich nicht, wann genau mein Dagegen-Ich angeschaltet ist.

Hier bringt mich NUR mein NORMALES ICH weiter. Wenn mein NORMALES ICH angeschaltet ist,

- **komme ich pünktlich,**
- **arbeite ich mit,**
- **lerne ich für Leistungsfeststellungen,**
- **will ich den erfolgreichen Abschluss,**
- **störe ich nicht,**
- **bin ich nett zu anderen,**
- **behandele ich die Erzieherin/den Erzieher respektvoll**

Aber auch im Praxisalltag zeige ich nicht immer dasselbe (normale) ICH. Wenn ich gestresst bin, Probleme oder Frust habe, Krawall will, zeigt sich plötzlich mein Dagegen-Ich. Wenn dieses Ich rauskommt, habe ich meine „fünf Minuten", „fahre meinen Film". Dann kann mich keiner mehr runterbringen.

Heute zeigte ich mein Dagegen-Ich. Daher ist Folgendes passiert (Zutreffendes bitte ankreuzen):

O Ich habe jemanden mit seiner Dummheit (aus meiner Perspektive) konfrontiert
O Ich habe meine Betreuerin/meinen Betreuer bloßgestellt
O Ich habe jemanden runtergemacht
O Ich habe jemanden beleidigt
O Ich habe (mal wieder) mein eigenes Ding gemacht
O Ich habe____

Ich habe eigentlich das gemacht, was mein Dagegen-Ich bisher meistens gemacht hat. Jetzt und hier – nach meinen „Spielchen" – ist wieder mein NORMALES ICH „angeschaltet", denn ich bin wieder „runtergekommen". Erst jetzt verstehe ich, was mein rebellisches Ich vorhin getan hat. Ein bisschen sehe ich jetzt ein, dass ich vielleicht übertrieben habe, fies war usw. Ich verstehe jetzt auch, welche kurzfristigen und langfristigen Vor- und Nachteile mir mein Dagegen-Ich bringt. Jetzt erst kann ich mir Gedanken darüber machen.

Aufgabe: Fülle folgende Tabelle zu deinem Dagegen-Ich aus. Welche kurz- und langfristigen Vor- und Nachteile hat dieses Ich?

	Vorteile	Nachteile
Kurzfristig		
Langfristig		

Jetzt wird mir klar, dass mein rebellisches im Alltag Probleme macht. Wenn es angeschaltet wird, trifft es jemanden, der sich als „Opfer“ eignet. Derjenige ist aber NICHT dafür verantwortlich, dass ich jetzt diese Aufgabe erledigen muss.

Nur mein Dagegen-Ich ist dafür verantwortlich! Wenn es nicht dieser Typ (oder Erzieher) wäre, würde sich mein Dagegen-Ich ein anderes OPFER suchen. Das Problem liegt in MEINEM rebellischen Ich, nicht beim anderen.

Aufgabe: Beantworte folgende Fragen zu deinem Dagegen-Ich.

Seit wann habe ich dieses Ich? Was hat es mir bisher für Vorteile gebracht?

Welche „typische" Situation löst derzeit mein Dagegen-Ich aus?

Was passiert dann in mir und mit mir? (Gefühle, Gedanken, Verhaltenstendenzen, Körperreaktionen)

Wo liegt das eigentliche Problem an dem Konflikt und warum?

Was kann ich tun, damit das nächste Mal nicht mein Dagegen-Ich rauskommt? („Was will ich in Zukunft in einer solchen Situation tun?")

Aufgabe: Gebe dir selbst eine Hausaufgabe auf, die dir dabei hilft, dein rebellisches Ich besser zu kontrollieren.
Beschreibung meiner Hausaufgabe (etwa: Die nächsten drei Wochen mein Dagegen-Ich unterdrücken).

Diese Probleme können bei meiner Hausaufgabe vielleicht auftreten…

Ich möchte diese Probleme folgendermaßen lösen…

Folgendes möchte ich tun, damit mein GLÜCKLICHES ICH öfter angeschaltet wird…

1.8 Zwanghaft strukturierte Jugendliche

Zwanghafte Persönlichkeiten machen auf ihre soziale Umwelt einen sehr rationalen, strukturierten Eindruck. Das Übermaß an kognitiver Ausrichtung geht zulasten des emotionalen Ausdrucks.

Die betreffenden Jugendlichen wirken sehr selbstkontrolliert und haben eine Vorliebe für Details und realitätsgetreuen Aussagen. Weitere Auffälligkeiten sind: superpräzises Denken, übermäßige Beschäftigung mit Details, Listen und Regeln.

Der Alltag läuft aufgrund von intensiver Vorausplanung in *sehr* geordneten Bahnen. Die Kehrseite: *Abweichungen* vom Tagesablauf darf es nicht geben. Diese würden in Augen der Betreffenden sofort ins totale Chaos führen (TRESS et al. 2006). Ihr zentrales Anliegen kann betitelt werden mit: „Das Leben braucht Struktur und Ordnung".

Dieser Grundsatz bringt Probleme mit sich: Zwanghafte Persönlichkeiten gestalten ihr Leben *viel zu* rational, das Emotionale kommt zu kurz, mitunter verkümmert die Gefühlswelt sogar.

Fachkräfte, die einmal Diskussionen mit zwanghaften Jugendlichen oder Kollegen geführt haben, wissen, wie stark der eigentümliche Drang nach sachlicher, logischer und sinnvoller Argumentation ausfällt.

Erfahrungsgemäß wird häufig bei Adam und Eva angefangen, weitschweifig „gelabert", Details überlang ausgeführt, und zum Punkt der Sache kommt der andere erst dann, wenn man, lapidar gesagt, schon fast eingeschlafen ist.

Betreffende Jugendliche/Erzieher offenbaren entsprechend eine sogenannte „Moses-Persönlichkeit" (SACHSE 2004, 132). D.h., sie schreiben anderen gerne Gesetze und Normen vor. Sie wissen nämlich (aus ihrer Wahrnehmung), was genau richtig bzw. falsch ist.

Warum solche Charaktere permanent an ihren Mitmenschen herumdoktern und „Fehler" ausmerzen wollen, wird schnell klar, wenn man die tiefenpsychologische Perspektive einnimmt. Vor diesem Hintergrund lässt es sich erst verstehen, weshalb die hier behandelten Individuen sich selbst ungemein beherrschen, d.h. emotionale, spontane Impulse permanent niederhalten. Die Ursache liegt meistens in der psychischen Verinnerlichung von (zu) vielen Geboten und Verboten, die in der Kindheit im sozialen Umfeld an der Tagesordnung standen.

Zwanghaft strukturierte Eltern beispielsweise *müssen* entsprechend ihre „unruhigen", „frechen" usw. Kinder kontrollieren, maßregeln. Eine solche Konstellation hinterlässt neuronale Spuren in der Kinderseele.

Abbildung 8: Die zwanghafte Persönlichkeit

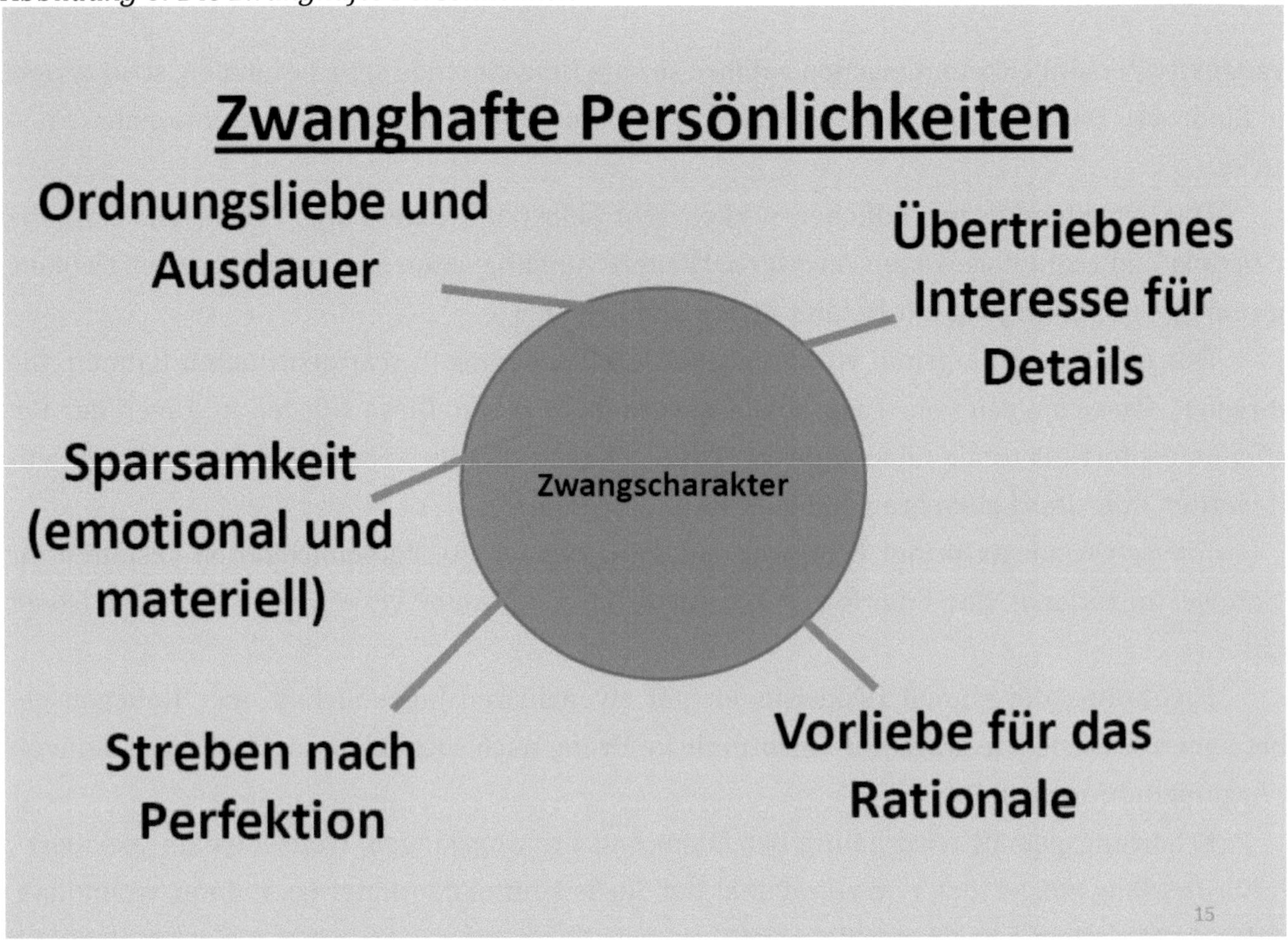

Tipps zum Beziehungsaufbau

Strategie	Beispiel	Positive Wirkung	Potenzielle Nebenwirkung
Das Bedürfnis nach Anerkennung befriedigen (unter vier Augen)	„Bald finden die Klassensprecherwahlen statt; ich würde mich freuen, wenn du gewählt würdest! Du weißt, wo es lang geht!“	Aufbau von Beziehungskredit	keine
Expertenrolle übertragen	„Könntest du über das Thema ein Referat halten, ich glaube, dafür gibt es niemanden, der geeigneter wäre!“	Auslösung des Modus Selbsterhöher bzw. Glückliches Kind; Aufbau von Beziehungskredit	keine
Spiegeln	Die Fachkraft passt sich dem intellektuellen Sprachstil des Interaktionspartners an	Aufbau von Beziehungskredit	Die anderen Teenager entwickeln Neidgefühle

1.8.1 Fragebogen

… zu meinem **gewissenhaften Ich**

Schätze dich zu folgenden Aussagen ein, und zwar auf einer Skala von 0-3!	**0 = trifft überhaupt nicht zu** **1 = trifft manchmal zu** **2 = trifft häufig zu** **3 = trifft voll und ganz zu**			
Ich habe hohe Erwartungen an mich	**0**	**1**	**2**	**3**
Ich denke erst nach, bevor ich etwas tue	**0**	**1**	**2**	**3**
Dinge, die ich anpacke, mache ich richtig	**0**	**1**	**2**	**3**
Mein Arbeitsverhalten ist strukturiert	**0**	**1**	**2**	**3**
Ich denke strukturiert und bin reflektiert	**0**	**1**	**2**	**3**
Ich bin im Alltag gewissenhaft	**0**	**1**	**2**	**3**
Ich erwarte von Fachkräften Professionalität	**0**	**1**	**2**	**3**
In Beziehungen treffe ich die meisten Entscheidungen	**0**	**1**	**2**	**3**

1.8.2 Stühlearbeit

Gewissenhaftes Ich

Name des Teenagers: ______________________

Aufgabe 1: Schreibe unter die Zeichnung rechts die Bezeichnung deines schwierigsten Ichs, etwa gewissenhaftes Ich. Schließe die Augen und versetze dich in dein schwierigstes Ich. Stelle dir hierzu eine Situation vor, die dein schwierigstes Ich meistens aktiviert.

Aufgabe 2: Spiele deinem Nachbarn (ansatzweise) deinen problematischsten Ich-Anteil vor. Du übernimmst die Rolle deines Ich-Zustands, sobald du dich auf einen leeren Stuhl setzt. Spiele deine Rolle einige Momente, sobald du dich vom Stuhl erhebst, bist du wieder im „Erwachsenen-Ich". Dein Nachbar soll dir dann beschreiben, wie er dich wahrgenommen hat (Mimik, Gestik, Körpersprache, Vokabular).

Aufgabe 3: Beschreibe deinem Nachbarn deine Empfindungen, die beim Vorspielen ausgelöst wurden.

Aufgabe 4: Überlege dir mit deinem Nachbarn Strategien, die dir in Zukunft dabei helfen sollen, dich im Alltag zu kontrollieren.

1.8.3 Textblatt

„Übergewissenhafte/r- ________________ (Vornamen einfügen)“

Ich habe eine ziemlich stabile und ausgeprägte übergewissenhafte Ich-Facette mit langer Tradition in mir, die ich mal mehr, mal weniger gut im Griff habe. Wenn mein gewissenhaftes Ich in bestimmten Situationen angeschaltet wird, legt sich gewissermaßen ein Schalter in meinem Kopf um.

Dann denke ich immer an dasselbe („Ich muss jetzt vor allem eins: *perfekt* vorgehen!“, „Mich nervt, dass die anderen jetzt nicht so engagiert denken und handeln wie ich!“ usw.). Auch meine Gefühle sind im Falle einer Aktivierung dann immer sehr speziell ausgeprägt.

Mein Körper steht dann auch immer unter Anspannung!
Eigentlich weiß ich, dass mein gewissenhaftes Ich manchmal übertrieben ist, wenn es aktiviert wird. Bekannte und Freunde haben mir das auch schon oft gesagt. Aber so bin ich halt beziehungsweise: mein gewissenhaftes Ich ist so.

Dieses Ich bringt erwiesenermaßen viele Vorteile mit sich, etwa im schulischen Bereich. Ich erreiche dadurch in der Regel überdurchschnittliche mündliche und schriftliche Leistungen.

Manchmal wirkt sich dieses Ich aber kontraproduktiv aus – wenn ich etwa zu viel Zeit in eine Aufgabe investiere, die andere in ein paar Minuten erledigen. Wenn mein gewissenhaftes Ich das Sagen hat, muss es halt „rund" laufen.

Im Nachhinein könnte ich mich manchmal über mein Perfektionismus-Ich ärgern. Oft wird dieser Bewusstseinszustand auch einfach nur mal so aktiviert, z.B. wenn ich Frust schiebe. Dann braucht es nicht viel, dass ich von jetzt auf gleich meine Psychospielchen spiele, und der andere (= Lehrer/Mitschüler usw.) hat dann eben Pech. In solchen Fällen zeige ich meinem Gesprächspartner in vielerlei phantasiereichen Variationen, wie „unvollkommen", „irrational", „kindisch" und „fehlerhaft" er ist. Das ist dann zugegebenermaßen die Art meines gewissenhaften Ichs, den anderen runterzuziehen, niederzudrücken.

Eine andere Möglichkeit, wie ich durch mein gewissenhaftes Ich Dampf ablassen kann, heißt: Lästern! Dann wird über „doofe" Mitschüler und Lehrer gehetzt. Doch so objektiv wie jetzt sehe ich das Ganze erst dann ein, wenn ich gut drauf bin oder wenn ich emotional runterkomme, das heißt: wenn meine typischen „fünf Minuten", meine ganz „privaten Filme", in denen ich als Regisseur den anderen ganz bestimmte Rollen überstülpe, vorbei sind (Ich = „Der Perfekte" – Du = „Der Fehlerhafte/Unvollkommene").

Oder anders gesagt: Wenn mein normales Ich angeschaltet ist. Natürlich habe ich auch ein normales Ich, mit dem man reden kann, das nett ist usw.
Mein gewissenhaftes Ich wird z.B. ausgelöst, wenn...

... mir in einer Klausur ein Punkt zur vollen Punktzahl fehlt
... es bei einer Einzelarbeit nicht mucksmäuschenstill im Klassensaal ist
... andere Teenager den Praxisalltag stören beziehungsweise kein Interesse an einer guten Bewertung haben
... bei einer Gruppenarbeit jemand die „Fünfe" gerade sein lässt
... der Pädagoge aus meiner Perspektive ein „Larifari"-Typ ist
... das Tafelbild nicht gut übersichtlich und strukturiert ist
... der für eine Prüfung wichtige Unterrichtsstoff nicht ganz konkret vom Lehrer kommuniziert wird
... ______________________ (bekannte Situation benennen!)
... ______________________ (bekannte Situation benennen!)
... ______________________ (bekannte Situation benennen!)
... ______________________ (bekannte Situation benennen!)

Nun zu den Ursachen. Sind sie mir völlig bewusst? Nun, mal mehr, mal weniger. Ursachen können sein:

- **Zu viel (zu wenig) Leistungsdenken vonseiten des sozialen Umfelds erlebt in der Kindheit!**
- **Eventuell dominierte das Prinzip „Lob bei Leistung"**
- **__________________________________ (bekannte Ursache benennen!)**
- **__________________________________ (bekannte Ursache benennen!)**
- **__________________________________ (bekannte Ursache benennen!)**
- **__________________________________ (bekannte Ursache benennen!)**

Fazit: Mein gewissenhaftes Ich gehört zu mir. Die anderen, Mitschüler wie Lehrer, drücken manchmal ohne Absicht auf meinen „roten Knopf" im Kopf. Dann kommt eben mein typisches Ich raus und ich „fahre meinen Film". In solchen Situationen sage ich meistens sogar dieselben Sätze.

Aber die Jugendlichen und Betreuer sind nicht daran schuld, dass ich überhaupt ein sehr perfektionistisches Ich habe. Daher ist es meine Angelegenheit, dieses Ich in geregelten Bahnen zu halten.

Denn eigentlich, und das darf ich mir ruhig auch bewusst machen, mache ich meine (früheren) Erfahrungen/Prägungen, die wahrscheinlich erst zur Ausprägung meines gewissenhaften Ichs geführt haben, im Falle einer Aktivierung möglicherweise zu aktuellen Problemen meiner „unvollkommenen", „fehlerhaften", „faulen" Mitschüler/Lehrer.

Das heißt, ICH!!! projiziere vergangene Beziehungsmuster und Lebensthemen in die Gegenwart, in den Unterricht, in den Klassenraum.

1.8.4 Besinnungstext

Besinnungstext – Übertriebene Gewissenhaftigkeit/Perfektionismus

Name des Teenagers: __________________________

Wer bin ich: und wenn ja: wie viele?

Ich denke von mir selbst: „Ich bin ich!" Ich habe Stärken, ich habe Schwächen. Und trotzdem bin ich immer noch ICH SELBST. Punkt.

Nun, das stimmt nicht ganz. Jeder Mensch hat viele Gesichter, Seiten, „Iche". Morgens zeige ich ein anderes Ich als abends. Meinen Eltern und Lehrern gegenüber zeige ich manchmal ein anderes Ich, als meinen Freunden gegenüber. Wenn ich zum Beispiel schlecht drauf bin, spricht mein schlecht gelauntes Ich aus mir; dann muss man mich lieber in Ruhe lassen.

Wenn ich mit meinen Freunden Spaß habe, zeigt sich mein freundliches Ich. Ich bin dann nett zu meinen Freunden.

Und wenn ich im Praxisalltag stark motiviert bin, zeige ich meistens mein gewissenhaftes Ich. Ich weiß eigentlich nicht, wann genau mein gewissenhaftes Ich angeschaltet ist.

Hier bringt mich NUR mein NORMALES ICH weiter. Wenn mein NORMALES ICH angeschaltet ist,

- **kann ich andere so sein lassen, wie sie sind,**
- **kann ich mich auf den Alltag konzentrieren,**
- **führe ich keine Endlosdiskussionen, um meinen Frust abzulassen,**
- **praktiziere ich das Prinzip „Leben und leben lassen",**
- **störe ich nicht,**
- **bin ich nett zu anderen,**
- **behandele ich die Erzieherin/den Erzieher respektvoll.**

Aber auch im Praxisalltag zeige ich nicht immer dasselbe (normale) ICH. Wenn ich gestresst bin, übermotiviert bin oder Frust habe, zeigt sich plötzlich mein gewissenhaftes Ich. Wenn mein gewissenhaftes Ich rauskommt, habe ich meine „fünf Minuten", „fahre meinen Film". Dann kann mich keiner mehr runterbringen.

Heute zeigte ich mein übergewissenhaftes Ich. Daher ist Folgendes passiert (Zutreffendes bitte ankreuzen):

O Ich habe jemanden mit seiner „Schlampigkeit" (aus meiner Perspektive) konfrontiert
O Ich habe meine Betreuerin/meinen Betreuer als „faul" hingestellt
O Ich habe jemanden bevormunden wollen
O Ich habe jemanden beleidigt
O Ich habe die Familie von jemandem beleidigt
O Ich habe____

Ich habe eigentlich das gemacht, was mein übergewissenhaftes Ich bisher meistens gemacht hat. Jetzt und hier – nach meinen „Spielchen" – ist wieder mein NORMALES ICH „angeschaltet", denn ich bin wieder „runtergekommen". Erst jetzt verstehe ich, was mein gewissenhaftes Ich vorhin getan hat. Ein bisschen sehe ich jetzt ein, dass ich vielleicht übertrieben habe, fies war usw. Ich verstehe jetzt auch, welche kurzfristigen und langfristigen Vor- und Nachteile mir mein gewissenhaftes Ich bringt. Jetzt erst kann ich mir Gedanken darüber machen.

Aufgabe: Fülle folgende Tabelle zu deinem gewissenhaften Ich aus. Welche kurz- und langfristigen Vor- und Nachteile hat dieses Ich?

	Vorteile	Nachteile
Kurzfristig		
Langfristig		

Jetzt wird mir klar, dass mein gewissenhaftes Ich im Alltag manchmal Probleme macht. Wenn es angeschaltet wird, trifft es jemanden, der sich als „Opfer" eignet. Derjenige ist aber NICHT dafür verantwortlich, dass ich jetzt diese Aufgabe erledigen muss.

Nur mein Abstandhalter-Ich ist dafür verantwortlich! Wenn es nicht dieser Typ (oder Erzieher) wäre, würde sich mein Abstandhalter-Ich ein anderes OPFER suchen. Das Problem liegt in MEINEM gewissenhaften Ich, nicht beim anderen.

Aufgabe: Beantworte folgende Fragen zu deinem gewissenhaften Ich.

Seit wann habe ich mein gewissenhaftes Ich? Was hat es mir bisher für Vorteile gebracht?

Welche „typische“ Situation löst derzeit mein Abstandhalter-Ich aus?

Was passiert dann in mir und mit mir? (Gefühle, Gedanken, Verhaltenstendenzen, Körperreaktionen)

Wo liegt das eigentliche Problem an dem Konflikt und warum?

Was kann ich tun, damit das nächste Mal nicht mein gewissenhaftes Ich rauskommt? („Was will ich in Zukunft in einer solchen Situation tun?“)

Aufgabe: Gebe dir selbst eine Hausaufgabe auf, die dir dabei hilft, dein gewissenhaftes Ich besser zu kontrollieren.
Beschreibung meiner Hausaufgabe (etwa: Die nächsten drei Wochen mein Abstandhalter-Ich unterdrücken).

Diese Probleme können bei meiner Hausaufgabe vielleicht auftreten…

Ich möchte diese Probleme folgendermaßen lösen…

Folgendes möchte ich tun, damit mein GLÜCKLICHES ICH öfter angeschaltet wird…

Weiterführende Literatur

Damm, M. (2010). Praxis der Schemapädagogik. Schemaorientierte Psychotherapien und ihre Potenziale für die psychosoziale Arbeit. Reihe Schemapädagogik kompakt. Band 1. Stuttgart: Ibidem-Verlag.
Das Buch macht schemabasierte Psychotherapien für die psychosoziale Arbeit fruchtbar. Die Grundlagen – Kognitive Therapie, Klärungsorientierte Psychotherapie und Schematherapie – werden dargestellt. Deren Potenziale für folgende psychosozialen Arbeitsfelder werden beschrieben: Schulsozialarbeit, Paarberatung, Sozialpädagogische Familienhilfe, Erziehungsberatung, Strafvollzug (Bewährungshilfe), Streetwork.

Damm, M. (2010). Schemapädagogik im Klassenzimmer. Ein neues Konzept zur Förderung verhaltensauffälliger Schüler. Reihe Schemapädagogik kompakt. Band 2. Stuttgart: Ibidem-Verlag.
Dieses Buch beinhaltet die Grundlagen der Schemapädagogik und den Transfer in den Unterrichtsalltag.

Damm, M. (2010). Schemapädagogik im Klassenzimmer. Das Praxisbuch. Materialien und Methoden für Lehrer und Schüler. Reihe Schemapädagogik kompakt. Band 3. Stuttgart: Ibidem-Verlag.
Dieses Praxisbuch ist als Ergänzungsband konzipiert. Er beinhaltet unter anderem Arbeitsblätter für Lehrer und Schüler sowie Schemafragebögen.

Damm, M. & Werner, S. (2011). Schemapädagogik bei jugendlichen Gewalttätern. Diagnose von Schemata, Konfrontation und Verhaltensänderung. Reihe Schemapädagogik kompakt. Band 4. Stuttgart: Ibidem-Verlag.
Hier werden traditionelle wie neue pädagogische Interventionen vorgestellt, die im Umgang mit jugendlichen Gewalttätern hilfreich sind.

Damm, M. (2011). Handwörterbuch Schemapädagogik 1. Kommunikation, Charakterkunde, Prävention von Beziehungsstörungen. Reihe Schemapädagogik kompakt. Band 5. Stuttgart: Ibidem-Verlag.
In diesem Nachschlagewerk finden Sie relevante Arbeitsbegriffe, die im Rahmen der Schemapädagogik eine große Rolle spielen. Neben den Grundlagen der Kommunikation finden sich auch eine tiefenpsychologisch orientierte Charakterkunde und Interventionen, die der Prävention von Beziehungsstörungen dienen.

Damm, M. (2011). Handwörterbuch Schemapädagogik 2. Manipulationstechniken, Selbstklärung, Intervention. Reihe Schemapädagogik kompakt. Band 6. Stuttgart: Ibidem-Verlag.
Dieser Ergänzungsband komplettiert die vorherige Publikation. Das Buch ist ebenfalls als Nachschlagewerk konzipiert. Neben wichtigen Schemapädagogik-Begriffen wird konkret auf Manipulationstechniken eingegangen, aber auch auf Schemata und Schemamodi, die aufseiten des professionellen Helfers vorhanden sein können.

Damm, M. & Ebert, M.G. (2012). Das Schemapädagogische Selbstkontroll-Training (Sek. 1). Didaktik und Methodik eines neuropädagogischen Konzepts zum Umgang mit schwierigen Schülern. Reihe Schemapädagogik kompakt. Band 7. Stuttgart: Ibidem-Verlag.
In diesem praxisorientierten Buch wird das SSKT vorgestellt. Praktizierbar ist es im Rahmen von Einführungs- (mit Schülern) und auch Studientagen (mit Kollegen). Die beiliegende DVD enthält zahlreiche Powerpoint-Dateien, Arbeitsblätter und Unterrichtsmaterialien. Außerdem werden unterrichtsrelevante Gegenstände aus der Psychoanalyse, Kommunikations-, Sozialpsychologie und Transaktionsanalyse ausgeführt. Ziel der Ausführung ist die Sensibilisierung für psychodynamische Schülermanipulationen und Unterrichtsstörungen sowie der professionelle Umgang mit ihnen.

Damm, M. & Ebert, M.G. (2012). Das Schemapädagogische Selbstkontroll-Training (Sek. 2). Didaktik und Methodik eines neuropädagogischen Konzepts zum Umgang mit schwierigen Schülern. Reihe Schemapädagogik kompakt. Band 8. Stuttgart: Ibidem-Verlag.
Dieser Band beinhaltet das SSKT (Version Sek. 2). Inhalt: siehe oben.

Damm, M. (2012). Persönlichkeitsstörungen in der Schule, Schulsozialarbeit und Jugendhilfe verstehen 1. Schemapädagogik bei Narzissten, Histrionikern, antisozialen und Borderline-Persönlichkeiten. Reihe Schemapädagogik kompakt. Band 9. Stuttgart: Ibidem-Verlag.
In diesem Einführungsband geht es hauptsächlich um Heranwachsende, die im Praxisalltag (a) häufig ausbeuterisch und hochmanipulativ erscheinen (sogenannte antisoziale Persönlichkeiten), (b) selbstzentriert auftreten (Narzissten), (c) dauerhaft emotional-instabil wirken (Borderliner); außerdem (d) dreht es sich um geschlechtsnarzisstische Selbstdarsteller (Histrioniker).

Damm, M. (2012). Persönlichkeitsstörungen in der Schule, Schulsozialarbeit und Jugendhilfe verstehen 2. Schemapädagogik bei paranoiden, schizoiden, sadistischen und selbstschädigenden Persönlichkeiten. Reihe Schemapädagogik kompakt. Band 10. Stuttgart: Ibidem-Verlag.
In diesem Band geht es um weitere Persönlichkeitsstile vor dem Hintergrund des DSM und der ICD, die manche „schwierige" Jugendliche offenbaren. Neben der detaillierten Beschreibung der Charakterzüge werden auch allgemeine und spezielle Strategien zur Beziehungsgestaltung vermittelt.

Damm, M. (2013). Persönlichkeitsstörungen in der Schule, Schulsozialarbeit und Jugendhilfe verstehen. Das Arbeitsbuch. Komplettpaket – Buch, Schemapädagogisches Persönlichkeitstraining (SPT) + DVD – für Vorträge, Fortbildungen und Studientage. Reihe Schemapädagogik kompakt. Band 13. Stuttgart: Ibidem-Verlag.
In diesem Begleitbuch werden die in den einzelnen „Persönlichkeitsstörungen in der Schule und Schulsozialarbeit verstehen"-Bänden behandelten Persönlichkeitsstörungen didaktisch sinnvoll zusammengefasst – und sie fließen ein in neue Arbeitsmaterialien, Powerpoint-Dateien für Fortbildungsveranstaltungen.

Damm, M. (in Planung). Schemapädagogik für Erzieherinnen. Das Schemapädagogische Elterntraining (SET). Mit Begleit-DVD. Reihe Schemapädagogik kompakt. Band 15. Stuttgart: Ibidem-Verlag.
Dieser Band ist für Sozialassistentinnen und Erzieherinnen konzipiert. Er stellt wichtige kindliche Entwicklungsbereiche in der Frühförderung aus Sicht der Neurobiologie dar und beinhaltet eine Powerpoint-Präsentation inklusive Arbeitsmaterialien für interne Fortbildungen und Elternabende.

Damm, M. (in Planung). Schemapädagogik und die Persönlichkeit der Fachkraft 1. Auswirkungen von Persönlichkeitsstilen in der Schule, Schulsozialarbeit und Jugendhilfe. Komplettpaket: Buch, Arbeitsmaterial + DVD. Reihe Schemapädagogik kompakt. Band 16. Stuttgart: Ibidem-Verlag.
Pädagogen bringen ihre Biografie und erworbenen neuronalen Muster (Schemata) mit in den Praxisalltag. In diesem Buch geht es um die Auswirkungen der Persönlichkeit auf den Umgang mit Jugendlichen und Kollegen. Ebenfalls werden Zusammenhänge zwischen Persönlichkeitsstilen und dem individuellen Arbeitsverhalten transparent gemacht und psychodynamisch analysiert. Dieses Buch fokussiert die Fachkraftpersönlichkeit und soll entsprechend die Selbsterkenntnis in Hinsicht auf die subjektive Ausübung der Berufsrolle fördern.

Damm, M. (in Planung). Schemapädagogik und die Persönlichkeit der Fachkraft 2. Auswirkungen von Persönlichkeitsstilen in der Schule, Schulsozialarbeit und Jugendhilfe. Komplettpaket: Buch, Arbeitsmaterial + DVD. Reihe Schemapädagogik kompakt. Band 17. Stuttgart: Ibidem-Verlag.
In diesem Buch werden weitere Aspekte, Auswirkungen und Vor- und Nachteile von Persönlichkeitsstilen im Praxisalltag thematisiert.

Roediger, E. (2009). Praxis der Schematherapie. Stuttgart: Schattauer.
In diesem Fachbuch werden die Grundlagen und einige Erweiterungen der Schematherapie erläutert.

Roediger, E. (2009). Was ist Schematherapie? Eine Einführung in Grundlagen, Modell und Anwendung. Paderborn: Junfermann.
Dieses Buch ist ein guter Einstieg in die Theorie und Praxis der Schematherapie.

Roediger, E. (2010). Raus aus den Lebensfallen. Wie Schematherapie helfen kann. Paderborn: Junfermann.
Hier wird vor allem das Schemamodus-Modell beleuchtet; außerdem wird seine Handhabung aus Sicht der Klienten thematisiert.

Roediger, E. & Jacob, G. (Hrsg.) (2010). Fortschritte der Schematherapie. Göttingen: Hogrefe.
Ausdifferenzierungen der Schematherapie finden interessierte Leser hier.

Sachse, R., Fasbender, J., Breil, J. & Püschel, O. (2009). Grundlagen und Konzepte Klärungsorientierter Psychotherapie. Göttingen u.a.: Hogrefe.
Hier werden die theoretischen Grundlagen und praktischen Arbeitsweisen der Klärungsorientierten Psychotherapie erläutert.

Sachse, R. (2006). Persönlichkeitsstörungen verstehen. Zum Umgang mit schwierigen Klienten. Bonn: Psychiatrie-Verlag.
Dieser leicht verständliche Ratgeber richtet sich an Angehörige der psychotherapeutischen und sozialpädagogischen Berufe.

Young, J.E., Klosko, J. & Weishaar, M.J. (2005). Schematherapie. Ein praxisorientiertes Handbuch. Paderborn: Junfermann.
Dieses Fachbuch ist das Schematherapie-Grundlagenwerk – und ein Muss für alle Schemapädagogen.

Kontakte

Weitere Informationen zur Schemapädagogik (auch als Download) finden Interessenten auf der Homepage des Autors (www.schemapädagogik.de).

Fortbildungen in Schemapädagogik
Am Institut für Schemapädagogik (Worms) werden verschiedene Fortbildungen zur Schemapädagogik angeboten. Auf der oben genannten Homepage werden sie ausführlich beschrieben.

Alle Kontaktmöglichkeiten:

Ansprechpartner: Südwestdeutschland
Institut für Schemapädagogik
Dr. Marcus Damm
Höhenstr. 56
67550 Worms
E-Mail: info@marcus-damm.de

Ansprechpartner: Westdeutschland
AWOLON – Das Trainerkollektiv
c / o Hartmut Gähl
Max-Horkheimer-Str. 4
51377 Leverkusen
E-Mail: gaehl@awolon.de

Ansprechpartner: Norddeutschland
Daniel Nordmann
Schützenstr. 12
31241 Ilsedee
E-Mail: daniel.nordmann@yahoo.de

Literatur

Arntz, A. & Van Genderen, H. (2010). Schematherapie bei Borderline-Persönlichkeitsstörung. Weinheim und Basel: Beltz.

Asendorpf, J.B. (2005). Psychologie der Persönlichkeit (3. Aufl.). Heidelberg: Springer.

Berne, E. (1964/2005). Spiele der Erwachsenen. Psychologie der menschlichen Beziehungen (5. Aufl.). Reinbek: Rowohlt.

Bauer, J. (2007a). Warum ich fühle, was du fühlst (6. Aufl.). München: Heyne.

Bauer, J. (2007b). Prinzip Menschlichkeit. Warum wir von Natur aus kooperieren (3. Aufl.). Hamburg: Hoffmann & Campe.

Bauer, J. (2007c). Lob der Schule. Sieben Perspektiven für Schüler, Lehrer und Eltern. Regensburg: Hoffmann und Campe.

Beck, A.T. (1976). Cognitive therapy and the emotional disorders. New York: International University Press.

Berne, E. (1964/2005). Spiele der Erwachsenen. Psychologie der menschlichen Beziehungen (5. Aufl.). Reinbek: Rowohlt.

Bowlby, J. (1982). Attachement and loss. Attachement (2. Edition.). New York: Basic Books.

Damm, M. (2010a). Praxis der Schemapädagogik. Schemaorientierte Psychotherapien und ihre Potenziale für psychosoziale Arbeitsfelder. Reihe Schemapädagogik kompakt. Band 1. Stuttgart: Ibidem.

Damm, M. (2010b). Schemapädagogik im Klassenzimmer. Ein neues Konzept zur Förderung verhaltensauffälliger Schüler. Reihe Schemapädagogik kompakt. Band 2. Stuttgart: Ibidem.

Damm, M. (2010c). Schemapädagogik im Klassenzimmer. Das Praxisbuch. Arbeitsmaterialien für Lehrer und Schüler. Reihe Schemapädagogik kompakt. Band 3. Stuttgart: Ibidem.

Damm, M. (2010d). Schemapädagogik. Möglichkeiten und Methoden der Schematherapie im Praxisfeld Erziehung. Wiesbaden: VS-Verlag.

Damm, M. & Werner, S. (2011). Schemapädagogik bei jugendlichen Gewalttätern. Diagnose von Schemata, Konfrontation und Verhaltensänderung. Stuttgart: Ibidem.

Damm, M. (2012a). Persönlichkeitsstörungen verstehen in der Schule, Schulsozialarbeit und Jugendhilfe 1. Stuttgart: Ibidem.

Damm, M. (2012b). Persönlichkeitsstörungen verstehen in der Schule, Schulsozialarbeit und Jugendhilfe 2. Stuttgart: Ibidem.

Damm, M. & Ebert, M.G. (2012a). Das Schemapädagogische Selbstkontroll-Training. Sek. 1. Didaktik und Methodik eines neuropädagogischen Konzepts zum Umgang mit schwierigen Schülern. Stuttgart: Ibidem.

Damm, M. & Ebert, M.G. (2012b). Das Schemapädagogische Selbstkontroll-Training. Sek. 2. Didaktik und Methodik eines neuropädagogischen Konzepts zum Umgang mit schwierigen Schülern. Stuttgart: Ibidem.

Damm, M. (2013). Das Schemapädagogische Elterntraining. In: Handbuch für Erzieherinnen, 4-32. München: Olzog-Verlag.

Dehner, R. & U. (2007). Schluss mit diesen Spielchen. Manipulationen im Alltag erkennen und dagegen vorgehen. Campus: Frankfurt a.M.

Dieckmann, E. (2011). Die narzisstische Persönlichkeitsstörung mit Schematherapie behandeln. Stuttgart: Klett-Cotta.

Fiedler, P. (2007). Persönlichkeitsstörungen (6. Aufl.). Weinheim: Beltz.

Grawe, K. (2004). Neuropsychiatrie. Göttingen u.a.: Hogrefe.

Große Siestrup, C. (2010). Unterrichtsstörungen aus der Sicht von Lehrenden und Lernenden. Ursachenzuschreibungen, emotionales Erleben und Konzepte zur Vermeidung. Frankfurt a.M.: Peter Lang.

Hammelstein, P. (2009). Kognitive Therapie, Schematherapie und Klärungsorientierte Psychotherapie. Vergleich einzelner Aspekte. In: Sachse, R. et al. Grundlagen und Konzepte Klärungsorientierter Psychotherapie, 184–200. Göttingen u.a.: Hogrefe.

Hare, R.D. (2005). Gewissenlos. Die Psychopathen unter uns. Wien u.a.: Springer.

Hirblinger, H. (2001). Einführung in die psychoanalytische Pädagogik der Schule. Würzburg: Königshausen & Neumann.

Hormel, U. & Scherr, A. (2010) (Hrsg.). Diskriminierung. Grundlagen und Forschungsergebnisse. Wiesbaden: VS-Verlag.

Imhof, M. (2010). Psychologie für Lehramtsstudierende. Wiesbaden: VS-Verlag.

Joines, S.J. & Stewart, I. (2008). Persönlichkeitsstile. Wie frühe Anpassungen uns prägen (Band 1). Paderborn: Junfermann.

Kasper, H. (2003). Schülermobbing – tun wir was dagegen. München: AOL.

Keller, G. (2010). Disziplinmanagement in der Schulklasse. Unterrichtsstörungen vorbeugen – Unterrichtsstörungen bewältigen (2. Aufl.). Bern: Hans Huber.

Kilb, R., Weidner, J., Gall, R. (2009). Konfrontative Pädagogik in der Schule. Anti-Aggressivitäts- und Coolnesstraining (2. Aufl.). Weinheim und München: Juventa.

Kohut, H. (1971). Narzißmus. Eine Theorie der Behandlung narzißtischer Persönlichkeitsstörungen. Frankfurt a.M.: Suhrkamp.

LeDoux, J.E. (2001). Das Netz der Gefühle – Wie Emotionen entstehen. Wien: Carl Hanser.

Lelord, F. & André, C. (2005). *Der ganz normale Wahnsinn. Vom Umgang mit schwierigen Menschen* (3. Aufl.). Leipzig: Kiepenheuer.

Loose, C., Graaf, P. & Zarbock, G. (Hrsg.). Schematherapie mit Kindern und Jugendlichen. Weinheim: Beltz.

Mentzos, S. (2005). Neurotische Konfliktverarbeitung (19. Aufl.). Frankfurt a.M.: Fischer.

Mummendey, H. (2000). Psychologie der Selbstschädigung. Göttingen u.a.: Hogrefe.

Nowacki, K. (2009). Klärungsorientierte Psychotherapie aus bindungstheoretischer Sicht. In: Sachse, R. et al. Grundlagen und Konzepte Klärungsorientierter Psychotherapie, 165–183. Göttingen u.a.: Hogrefe.

Nissen, G. (Hrsg.). (2000). *Persönlichkeitsstörungen. Ursachen – Erkennung – Behandlung.* Stuttgart u.a.: Kohlhammer.

Oldham, J.M. & Morris, L.B. (2007). Ihr *Persönlichkeitsportrait.* Eschborn: Dietmar Klotz.

Püschel, O. & Sachse, R. (2009). Eine motivationstheoretische Fundierung Klärungsorientierter Psychotherapie. In: Sachse, R. et al. Grundlagen und Konzepte Klärungsorientierter Psychotherapie, 89–110. Göttingen u.a.: Hogrefe.

Rademacher, H. (2007). Leitfaden konstruktive Konfliktbearbeitung und Mediation. Für eine veränderte Schulkultur. Schwalbach/Ts: Wochenschau-Verlag.

Rautenberg, W. & Rogoll, R. (2008). Werde der, der du werden kannst. Persönlichkeitsentwicklung durch Transaktionsanalyse (16. Aufl.). Freiburg i.B.: Herder.

Roediger, E. (2009a). Praxis der Schematherapie. Stuttgart: Schattauer.

Roediger, E. (2009b). Was ist Schematherapie? Eine Einführung in Grundlagen, Modell und Anwendung. Paderborn: Junfermann.

Roediger, E. & Jacob, G. (Hrsg.) (2010). Fortschritte der Schematherapie. Göttingen: Hogrefe.

Rogers, C. (1972/1999). Die nicht-direktive Beratung (9. Aufl.). Frankfurt a.M.: Fischer.

Roth, G. (2003). Fühlen, Denken, Handeln. Wie das Gehirn unser Verhalten steuert. Frankfurt a.M.: Suhrkamp.

Roth, G. (2007). Persönlichkeit, Entscheidung und Verhalten. Warum es so schwierig ist, sich und andere zu verstehen. Stuttgart: Klett-Cotta.

Roth, G. (2009). Aus Sicht des Gehirns (2. Aufl.). Frankfurt a.M.: Suhrkamp.

Sachse, R. (2001). Psychologische Psychotherapie der Persönlichkeitsstörungen. Göttingen u.a.: Hogrefe.

Sachse, R. (2003). Klärungsorientierte Psychotherapie. Göttingen u.a.: Hogrefe.

Sachse, R. (2004). Persönlichkeitsstörungen. Leitfaden für die Psychologische Psychotherapie. Göttingen u.a.: Hogrefe.

Sachse, R. (2006a). Therapeutische Beziehungsgestaltung. Göttingen u.a.: Hogrefe.

Sachse, R. (2006b). Persönlichkeitsstörungen verstehen. Zum Umgang mit schwierigen Klienten. Bonn: Psychiatrie-Verlag.

Sachse, R. (2006c). Therapeutische Beziehungsgestaltung. Göttingen u.a.: Hogrefe.

Sachse, R., Püschel, O., Fasbender, J., Breil, J. (2008). Klärungsorientierte Schemabearbeitung. Dysfunktionale Schemata effektiv verändern. Göttingen u.a.: Hogrefe.

Sachse, R., Fasbender, J., Breil, J., Püschel, O. (2009). Grundlagen und Konzepte Klärungsorientierter Psychotherapie. Göttingen u.a.: Hogrefe.

Schäfer, C.D. (2006). Wege zur Lösung von Unterrichtsstörungen. Jugendliche verstehen – Schule verändern. Balmannsweiler: Schneider Verlag Hohengehren.

Schmitt-Killian, J. (2010). „Ich mach euch fertig!" Praxisbuch Gewaltprävention. Gütersloh: Gütersloher Verlagshaus.

Schnotz, W. (2009). Pädagogische Psychologie kompakt. Weinheim: Beltz.

Schulz von Thun, F. (2002). Miteinander reden 3. Das „innere Team" und situationsgerechte Kommunikation. Reinbek: Rowohlt.

Siegel, D.J. (2006). Wie wir werden, die wir sind. Paderborn: Junfermann.

Spitzer, M. (2009). Hirnforschung für Neu(ro)gierige. Braintertainment 2.0. Stuttgart: Schattauer.

Stout, M. (2006). Der Soziopath von nebenan. Die Skrupellosen: ihre Lügen, Taktiken und Tricks. Wien u.a.: Springer.

Taglieber, W. (2005). Berliner Mobbing-Fibel. Was tun wenn. Berlin: Berliner Landesinstitut.

Tress, W., Wöller, W., Hartkamp, N., Langenbach, M. & Ott, J. (2002). *Persönlichkeitsstörungen. Leitlinie und Quellentext.* Stuttgart: Schattauer.

Wagner, R.F., Hinz, A., Rausch, A. & Becker, B. (2009). Modul Pädagogische Psychologie. Bad Heilbrunn: Klinkhardt.

Weidner, J. & Kilb, R. (2008). Konfrontative Pädagogik (3. Aufl.). Wiesbaden: VS-Verlag.

Werner, S. (2013a). Trainingshandbuch Konfliktmanagement. Weinheim: Beltz.

Werner, S. (Hrsg.) (2013b). Mobbing – Opferorientierte Hilfen für Kinder und Jugendliche. Weinheim: Beltz.

Werth, L. & Mayer, J. (2007). Sozialpsychologie. Heidelberg: Spektrum Akademischer Verlag.

Wilson, T.D. (2007). Gestatten, mein Name ist Ich. Das adaptive Unbewusste – eine psychologische Entdeckungsreise. München & Zürich: Pendo.

Winkel, R. (2009). Der gestörte Unterricht. Diagnostische und therapeutische Möglichkeiten (9. Aufl.). Balmannsweiler: Schneider Verlag Hohengehren.

Young, J.E. & Brown, G. (1990). Young Schema Questionaire. New York: Schema Therapy Institut.

Young, J.E. (1999). Cognitive therapy for personality disorders. A schema-focused approach. (rev. Ausg.). Sarasota, FL: Professional Resources Press.

Young, J.E., Klosko, J.S. & Weishaar, M.J. (2008). Schematherapie. Ein praxisorientiertes Handbuch (2. Aufl.). Paderborn: Junfermann.

Young, J.E. & Klosko, J. (2006). Sein Leben neu erfinden. Wie Sie Lebensfallen meistern. Paderborn: Junfermann.

Schemapädagogik kompakt

herausgegeben von Dr. Marcus Damm

ISSN 2191-186X

1 *Marcus Damm*
Praxis der Schemapädagogik
Schemaorientierte Psychotherapien und ihre Potenziale für die psychosoziale Arbeit
ISBN 978-3-8382-0040-8

2 *Marcus Damm*
Schemapädagogik im Klassenzimmer
Ein neues Konzept zur Förderung verhaltensauffälliger Schüler
ISBN 978-3-8382-0140-5

3 *Marcus Damm*
Schemapädagogik im Klassenzimmer – Das Praxisbuch –
Arbeitsmaterialien und Methoden für Lehrer und Schüler
ISBN 978-3-8382-0220-4

4 *Marcus Damm und Stefan Werner*
Schemapädagogik bei jugendlichen Gewalttätern
Diagnose von Schemata, Konfrontation und Verhaltensänderung
ISBN 978-3-8382-0190-0

5 *Marcus Damm*
Handwörterbuch Schemapädagogik 1
Kommunikation, Charakterkunde, Prävention von Beziehungsstörungen
ISBN 978-3-8382-0230-3

6 *Marcus Damm*
Handwörterbuch Schemapädagogik 2
Manipulationstechniken, Selbstklärung, Intervention
ISBN 978-3-8382-0240-2

7 *Marcus Damm und Marc-Guido Ebert*
Das Schemapädagogische Selbstkontroll-Training (Sek. 1)
Didaktik und Methodik eines neuropädagogischen Konzepts zum Umgang mit schwierigen Schülern
inkl. Arbeitsmaterialien + DVD – für Eingewöhnungs- und Studientage
ISBN 978-3-8382-0200-6

8 *Marcus Damm und Marc-Guido Ebert*
Das Schemapädagogische Selbstkontroll-Training (Sek. 2)
Didaktik und Methodik eines neuropädagogischen Konzepts zum Umgang mit schwierigen Schülern
inkl. Arbeitsmaterialien + DVD – für Eingewöhnungs- und Studientage
ISBN 978-3-8382-0360-7

9 *Marcus Damm*
Persönlichkeitsstörungen verstehen in der Schule, Schulsozialarbeit und Jugendhilfe I
Schemapädagogik bei Narzissten, Histrionikern, antisozialen und Borderline-Persönlichkeiten
inkl. Arbeitsmaterialien + DVD
ISBN 978-3-8382-0290-7

10 *Marcus Damm*
Persönlichkeitsstörungen verstehen in der Schule, Schulsozialarbeit und Jugendhilfe II
Schemapädagogik bei Paranoikern, Schizoiden, Sadisten und selbstverletzenden Heranwachsenden
inkl. Arbeitsmaterialien + CD
ISBN 978-3-8382-0300-3

11 *Marcus Damm*
Persönlichkeitsstörungen verstehen in der Schule, Schulsozialarbeit und Jugendhilfe III
Schemapädagogik bei passiv-aggressiven, zwanghaften, dependenten und ängstlichen Heranwachsenden
inkl. Arbeitsmaterialien + CD
ISBN 978-3-8382-0310-2

12 *Marcus Damm*
Der schemapädagogische Handwerkskoffer
30 praktische Methoden zum Konfliktmanagement in Schule und sozialer Arbeit
Mit Onlinematerialien
ISBN 978-3-8382-0530-4

13 *Marcus Damm*
Persönlichkeitsstörungen verstehen in der Schule, Schulsozialarbeit und Jugendhilfe
Das Praxisbuch
Mit Online-Materialien
ISBN 978-3-8382-0540-3

Sie haben die Wahl:

Bestellen Sie die Schriftenreihe

Schemapädagogik kompakt

einzeln oder im **Abonnement**

per E-Mail: vertrieb@ibidem-verlag.de | per Fax (0511/262 2201)
als Brief (***ibidem***-Verlag | Leuschnerstr. 40 | 30457 Hannover)

Bestellformular

❒ Ich abonniere die Schriftenreihe *Schemapädagogik kompakt* ab Band # ____

❒ Ich bestelle die folgenden Bände der Schriftenreihe *Schemapädagogik kompakt*
____; ____; ____; ____; ____; ____; ____; ____; ____; ____

Lieferanschrift:

Vorname, Name ....

Anschrift ....

E-Mail.. | Tel.: ....

Datum .... | Unterschrift ....

Ihre Abonnement-Vorteile im Überblick:

- Sie erhalten jedes Buch der Schriftenreihe pünktlich zum Erscheinungstermin – immer aktuell, ohne weitere Bestellung durch Sie.
- Das Abonnement ist jederzeit kündbar.
- Die Lieferung ist innerhalb Deutschlands versandkostenfrei.
- Bei Nichtgefallen können Sie jedes Buch innerhalb von 14 Tagen an uns zurücksenden.

***ibidem*-Verlag**
Melchiorstr. 15
D-70439 Stuttgart
info@ibidem-verlag.de

www.ibidem-verlag.de
www.ibidem.eu
www.edition-noema.de
www.autorenbetreuung.de